Vom Ende der Freiheit

Einem bestens gealterten Ehepaar
an der Kieler Förde
und
den Buchläden in meiner Nachbarschaft,
die von mir über Wochen systematisch
wie öffentliche Bibliotheken behandelt wurden.

Michael Bröning

Vom Ende der Freiheit

Wie ein gesellschaftliches Ideal aufs Spiel gesetzt wird

DIETZ

Bibliografische Information der Deutschen Nationalbibliothek
Die Deutsche Nationalbibliothek verzeichnet diese Publikation
in der Deutschen Nationalbibliografie; detaillierte bibliografische Daten
sind im Internet über *http://dnb.dnb.de* abrufbar.

ISBN 978-3-8012-0625-3
[Auch als eBook erhältlich: ISBN 978-3-8012-7035-3]

1. Auflage 2021

Lektorat: Eckard Schuster
Umschlag: Hermann Brandner | gabor's, Köln
Satz: Rohtext, Bonn
Druck und Verarbeitung: Bookpress, Olsztyn

Printed in Poland 2021

Besuchen Sie uns im Internet: ***www.dietz-verlag.de***

Inhalt

Kapitel 1
Einführung: Im perfekten Sturm der Freiheit

Die Freiheit hat allzu viele Feinde, viel zu wenige Freunde – und dann auch noch meist die falschen. Ein Hoch auf die Freiheit: Das hat heute den Nimbus der Unangemessenheit – wenn nicht der Subversion. Ist nicht der Ruf nach Freiheit mittlerweile die letzte Ausrede all jener Ewiggestriger, die unter Selbstverwirklichung schon immer einen Blankoscheck für das Loslassen des inneren Schweinehunds verstanden haben?

Freiheit, das klingt in Zeiten der Pandemie auch nach einer Absage an Rationalität, ja, nach einer trotzigen Ablehnung sogar von Wissenschaft und objektiven Fakten. Wenn man Begriffe über ihre Anhänger definiert, erscheint das Beschwören der Freiheit geradezu als letztes Bollwerk all jener, die den Anschluss an die Komplexitäten der Wirklichkeit schon länger eingebüßt haben.

Sicher, der zweite Artikel unseres Grundgesetzes garantiert die »freie Entfaltung der Persönlichkeit«. Und auch in der Europäischen Union ist Freiheit als Grundwert fest und vertraglich verankert. Doch das Konzept der Freiheit ist ideologisch nach rechtsaußen gewandert. In den Niederlanden und in Österreich stehen die rechtspopulistische »Partei für die Freiheit« beziehungsweise die »freiheitliche« FPÖ schon mit ihren Parteinamen vermeintlich für die Freiheit. Im Europäischen Parlament haben sich die rechtspopulistischen Parteien gar in einer Fraktion zusammengeschlossen, die den programmatischen Namen »Europa der Nationen und der Freiheit« trägt. Die Fraktionsgründung bejubelte der niederländische Rechtsaußen Geert Wilders euphorisch als »Beginn unserer Befreiung«.

Und in Deutschland? Auch hier ist das Lob auf die Freiheit an den rechten Rand gerückt. Im Wochentakt versammeln sich rechte Vordenker in der Wochenzeitung *Junge Freiheit*, während die *Alternative für Deutschland* mit Slogans wie »Freiheit statt Brüssel« Stimmung macht.

In dem Maße aber, in dem die politische Rechte den Begriff der Freiheit besetzt, scheinen progressive Stimmen von einem uneingeschränkten Ja zum gesellschaftlichen Ideal der Freiheit abzurücken. Ein klares Bekenntnis zur Freiheit wirkt in aufgeklärten Kreisen mittlerweile nicht nur häufig als naiv und überholt, sondern fast schon als gefährliches Entgegenkommen gegenüber dem politischen Gegner.

Auch in der politischen Kommunikation spielt die Freiheit für fortschrittliche Kräfte meist nur noch eine Nebenrolle – nicht nur in Deutschland. Progressive Parteien als Stimme für den Fortschritt? Ja. Als Garant für mehr Gerechtigkeit? Sicher. Als Streiter für Klimasicherheit und globale Kooperation? Auch das. Doch als Stimme für die Freiheit, als Kämpfer gegen Bevormundung und Fremdbestimmung, haben sich die fortschrittlichen Milieus westlicher Gesellschaften schon lange nicht mehr offensiv präsentiert.

Das Ausmaß, die Hintergründe und die politischen Folgen dieses Abwendens vom Wert der Freiheit bilden das Thema dieses Zwischenrufs. Dabei soll gezeigt werden, dass die zu beobachtende Entfremdung von der Freiheit eine allzu oft übersehene ernsthafte Gefahr für die Zukunft demokratischer Gesellschaften darstellt. Denn sie fällt in eine Zeit, in der die Freiheit als Ideal ohnehin einer historisch einzigartigen Bedrohung – nicht zuletzt vonseiten der autoritären Rechten – ausgesetzt ist.

In einem perfekten Sturm aus Pandemie, Autoritarismus, Digitalisierung und Klimakrise finden sich aktuell neue und alte Feinde der Freiheit in merkwürdigen Konstellationen zusammen. Traditionelle Fürsprecher der Freiheit jedoch, die Prinzipien der Autonomie und Selbstbestimmung historisch immer wieder gegen Übergriffe des Staates und der Ökonomie, aber auch gegen das schleichende Gift der Indifferenz in Schutz genommen haben, stemmen sich diesen

Gefahren nur noch äußerst selektiv entgegen. Vielerorts reagieren maßgebliche Teile des progressiven Milieus angesichts der Bedrohung gleichgültig mit Schulterzucken, senken aus den vermeintlich besten Gründen den Daumen über ein scheinbar aus der Zeit gefallenes Ideal oder entwerten das Konzept der Freiheit durch allzu leicht instrumentalisierbare Abstrahierungen.

Vor dem Hintergrund dieser Gefährdung ist es das Anliegen dieses Essays, eine Lanze zu brechen für den Grundwert der Freiheit als grundlegendes gesamtgesellschaftliches Gut. Freiheit hat keine Zukunft, wenn sich demokratische und insbesondere fortschrittliche Kräfte in Zeiten der Krise von ihr abwenden.

»Freiheit ist Freiheit«, mahnte der britisch-jüdische Philosoph Isaiah Berlin, »nicht Gleichheit oder Fairness oder Gerechtigkeit oder Kultur oder menschliches Glück oder ein ruhiges Gewissen.« Freiheit ist Freiheit: Wer diese scheinbar so simple Einsicht aus den Augen verliert, setzt nicht nur die Aussagekraft eines abstrakten Ideals auf Spiel, sondern auch die Grundlage einer demokratischen, gerechten und menschenwürdigen Zukunft.

Der Rollentausch der Freiheit

Bibliotheken ließen sich füllen mit Abhandlungen und Streitschriften für, gegen oder über die Freiheit. Was ist Freiheit? Bürde und Kür eines Christenmenschen, wie Martin Luther meinte? Selbstverwirklichungsfeld »männlicher Krieger«, von denen Friedrich Nietzsche schwärmte? Die »Freiheit der Sklavenhalter« Lenins oder die Selbstbeschränkung, wie Hans Jonas argumentiert? Mit Hannah Arendt »die Freiheit, frei zu sein« oder mit Theodor Adorno etwas, was es »nicht gibt«?

»Philosophische Erklärungen der Freiheit sprechen wenig an«, heißt es lakonisch im *Deutschen Wörterbuch* der Brüder Grimm aus dem Jahr 1864. Dieser Hinweis von Andreas Arndt gilt heute ungebrochen, allerdings weit über das Feld der Philosophie hinaus. »Freiheit« sei ein Begriff so unbestimmt wie das Wetter, spottete der rechtskonservative Publizist Joachim Fernau, um süffisant zu fragen: »Mögen

Sie Wetter?« Und auf der Linken konterte Kurt Tucholsky: »Wer die Freiheit nicht im Blut hat, wer nicht fühlt, was das ist: Freiheit – der wird sie nie erringen«. Aber: Muss man die Freiheit im Blut haben oder doch eher im Investitionsportfolio? Zumindest in der Welt des Kommerzes scheint das Produkt Freiheit schließlich nach wie vor reißenden Absatz zu finden. Die Freiheit liegt demnach im Konsum – den Überbau dieser eingeschränkten Weltsicht lieferte der Ökonom Milton Friedman mit seiner Gleichsetzung von Kapitalismus und Freiheit.

Von der griechischen und römischen Antike über das europäische Mittelalter bis zur Französischen Revolution und der amerikanischen Unabhängigkeitserklärung war der Begriff der Freiheit stets ein Spielball widerstreitender Interessen. Die Freiheit, so viel zeigt ein Blick auf die Genese des Begriffs, war immer alles andere als selbsterklärend.

Als einflussreiche Stimme neuzeitlicher Freiheitsüberlegungen hat sich insbesondere der Philosoph und Nationalökonom John Stuart Mill erwiesen, der in seinem Aufsatz »On Liberty« Grundsätze eines individualistischen Freiheitsverständnisses formulierte. Für Mill umfasst menschliche Freiheit »als Erstes das innere Feld des Bewusstseins und ... zweitens ... Freiheit, einen Lebensplan, der unseren eigenen Charakteranlagen entspricht, zu entwerfen und zu tun, was uns beliebt, ohne Rücksicht auf die Folgen und ohne uns von unseren Zeitgenossen stören zu lassen, solange wie ihnen nichts zuleide tun«. Mills Erörterungen zum Spannungsverhältnis zwischen dem Einzelnen und der Gemeinschaft sind auch heute noch aktuell. Doch weiterführender für die auf den folgenden Seiten erörterte Bedrohung der Freiheit erscheint eine Unterscheidung, die auf Isaiah Berlin zurückgeht: nämlich die zwischen *positiver* und *negativer* Freiheit.

Isaiah Berlin, der in Riga geboren wurde und den Despotismus des Zarismus und der Revolution in Russland selbst hautnah miterlebte, thematisierte in seiner Oxforder Antrittsvorlesung »Two Concepts of Liberty« einen doppelten Freiheitsbegriff. *Negative* Freiheit wird darin im Wesentlichen als »Freiheit von« begriffen. Als Freiheit von Unterdrückung, Freiheit von Fremdbestimmung, Freiheit von staatlicher

Übergriffigkeit, aber auch als Freiheit von den Störungen durch das Freiheitsstreben anderer. Es ist dieses enge Verständnis von Freiheit als Trumpf gegen den Staat, das die größte Gemeinsamkeit mit dem heutigen Alltagsverständnis von Freiheit aufweist.

In Abgrenzung zur negativen definiert Berlin die positive Freiheit. Sie bezieht sich auf die Voraussetzungen, die zur Realisierung negativer Freiheitsrechte erforderlich sind. Denn welchen Sinn hätte etwa die Pressefreiheit in einer Gesellschaft von Analphabeten? Welchen realen Inhalt hätte die Freiheit der Berufswahl, wenn nicht der Staat durch ein öffentliches Bildungssystem die Grundlagen für eine wirkliche Wahlfreiheit legt?

Die Rolle des Staates beschränkt sich für Verfechter der positiven Freiheit eben nicht auf einen Rückzug auf den »Nachtwächterstaat«, sondern sie umfasst eine staatliche Betätigung, die Freiheitsrechte auch über punktuelle Einschränkungen fördert – etwa durch Besteuerung, Zölle und Tarife. Denn nur so werden öffentliche Güter im Bereich der Gesundheitsvorsorge, der Forschung, der Bildung, aber auch der Sicherheit geschaffen und für alle zugänglich. Hinter dieser Unterscheidung steht die fundamentale Einsicht, dass Rechte keine Freiheiten darstellen, sondern Privilegien, wenn Freiheit nicht mit dem Ideal der Gleichheit verknüpft wird.

Es ist wenig verwunderlich, dass sich gerade politische Kräfte links der Mitte in die Tradition dieser positiven Freiheitsrechte gestellt haben – nicht zuletzt in Deutschland. Schon der Mitbegründer der Sozialdemokratie, August Bebel, fragte 1870: »Was nützt ihm [dem Arbeiter, M.B.] die bloße politische Freiheit, wenn er dabei hungert, wenn seine Lage sich nicht verbessert, er der vom Kapitalisten ausgebeutete Mensch ist, der sein ganzes Leben sich plagen und abrackern muss, um schließlich elend zu Grunde zu gehen«? Bebel geht es hier weniger um die Freiheit von staatlicher Bevormundung als vielmehr darum, dass Freiheit nie voraussetzungsfrei ist. Ohne die Befähigung zu bestimmten Ansprüchen ergeben negative Freiheitsrechte entweder keinen Sinn oder sie können faktisch nicht in Anspruch genommen werden.

Rechte und linke politische Kräfte lassen sich weltweit auch anhand ihrer jeweiligen Bewertungen von positiver und negativer Freiheit unterscheiden: Im rechten und liberalen Spektrum liegt der Fokus auf der (negativen) Freiheit vom übermächtigen Staat, der kritischen Beurteilung bürokratischer Regelungen und dem dezidierten Lob der Eigeninitiative. Auf der Linken erklingt dagegen der Ruf nach einem handlungsfähigen Gemeinwesen, dem die Aufgabe zukommt, vergleichbare Lebenschancen für alle sicherzustellen, die Voraussetzungen für tatsächliche Autonomie in den Blick zu nehmen und dabei, wenn erforderlich, auch rein negative Freiheitsvorstellungen einzuschränken.

In der jüngeren Vergangenheit haben sich nahezu sämtliche maßgeblichen politischen Kräfte zumindest in westlichen Demokratien im Wesentlichen mit einem Freiheitsbegriff arrangiert, der sowohl negative als auch positive Freiheitsrechte beinhaltet. Von radikalen Ausnahmen abgesehen, stellen sich schließlich selbst hartgesottene Verfechter der »Freiheit von« nicht etwa ernsthaft gegen die Erhebung einer Einkommensteuer, die ja das heilige Ideal des Eigentums verletzt, nur um zum Beispiel ein allgemeines Straßennetz zu finanzieren.

Akzeptiert wird dabei die grundlegende Einsicht Isaiah Berlins, dass das Zusammenspiel von positiver und negativer Freiheit eben nicht als ein Entweder-Oder begriffen werden kann. »Negative Freiheit muss begrenzt werden, wenn positive Freiheit realisiert werden soll, zwischen beiden muss eine Balance bestehen«, so Berlin. Doch – und diese Sorge durchzieht die folgende Warnung vor dem »Ende der Freiheit« – kann eine solche Balance noch zweifelsfrei für prägende Teile des linksliberalen Lagers festgestellt werden?

Heute, so scheint es, richten maßgebliche Stimmen des progressiven Spektrums ihre Aufmerksamkeit zwar zu Recht weiterhin auf positive Freiheitsvorstellungen – und fordern einen aktiven Staat und gerecht verteilte Lebenschancen. Doch ebenso entscheidende Aspekte eines negativen Freiheitsbegriffs wie die grundlegende Freiheit von Bevormundung, das Zurückweisen von Paternalismus und staatlicher Gängelung werden nicht nur übersehen, sondern in Teilen ganz bewusst infrage gestellt.

Das aber ist ein so gefährlicher wie merkwürdiger historischer Rollentausch. Denn es waren traditionell schließlich stets herrschaftsnahe und privilegierte gesellschaftliche Kräfte, die ein Zuviel an Freiheit und Zügellosigkeit als Bedrohung auffassten. Angesichts der bestehenden Wohlstandsunterschiede bezog sich diese Furcht der Besitzenden historisch in der Regel zuallererst auf den Schutz von Eigentumsrechten, die vor allzu umfassender freiheitlicher Maßlosigkeit behütet werden mussten.

Die vom französischen Publizisten (und Aristokraten) Alexis de Tocqueville konstatierte Gefahr der »Tyrannei der Mehrheit« fand aus diesem Grund einen breiten Widerhall auch in der konservativen angelsächsischen Tradition bei Denkern wie Edmund Burke, in dessen skeptischem Blick »praktische Freiheit« nur realisierbar erscheint, sofern dem »Appetit der Menschen moralische Ketten auferlegt werden«. Dieser Impuls mag mit Blick auf die jakobinische Tyrannei der Französischen Revolution nur zu gerechtfertigt erscheinen. Doch ist es nicht bezeichnend, dass der große konservative Denker des viktorianischen Zeitalters mit seiner Forderung nach »moralischen Ketten«, nach einer Begrenzung des »Appetits der Menschen« und mit seinem skeptischen Blick auf freiheitliche Ideale heute ausgerechnet in Teilen des progressiven Lagers offene Türen einlaufen würde? Wo ist das progressive Lob der Freiheit? Und wann ist es verloren gegangen?

Das dröhnende Beschweigen der Freiheit

In seiner ersten Rede als US-Präsident im Januar 2013 berief sich Barack Obama mehr als ein Dutzend Mal auf die Ideale »Freedom« und »Liberty«, die in den USA mehr oder weniger synonym verwendet werden. Obama beendete seine Ansprache mit einem eindringlichen Plädoyer, »das wertvolle Licht der Freiheit in eine ungewisse Zukunft zu tragen«.

Und heute? Im Corona-Jahr 2021 erwähnte der frisch gewählte US-Präsident Joe Biden das Wort »Freedom« in seiner Antrittsrede mit keiner einzigen Silbe und den Begriff »Liberty« nur zweimal, in einem

Fall mehr oder weniger versteckt im Rahmen einer Auflistung von insgesamt sieben als amerikanisch definierten Werten.

Auch das bei Bidens Amtseinführung rezitierte, gerade im progressiven Lager so hochgelobte Gedicht »The Hill We Climb« der jungen afroamerikanischen Dichterin Amanda Gorman machte um das Ideal der Freiheit eher einen Bogen. Gorman beschwört »a country committed to all cultures, colors, characters, and conditions of man« und beschreibt die Aufgabe der Versöhnung in einer »era of just redemption«. Die Idee der Freiheit aber wird in ihrem Text gerade ein einziges Mal erwähnt – als Schlusspunkt der Beschreibung eines Landes, »that is bruised but whole, benevolent but bold, fierce and free«. Genau das aber ist bezeichnend für eine Verschiebung der Schwerpunkte. Zumal dieser Trend auch in Deutschland zu beobachten ist. So stellte Bundeskanzlerin Angela Merkel ihre allererste Regierungserklärung 2005 geradezu unter die Überschrift »Freiheit«. Nicht weniger als zehnmal erwähnte sie den Begriff, und ihre Rede kulminierte in der von Willy Brandt entlehnten Forderung: »Lassen Sie uns mehr Freiheit wagen!«

Davon aber konnte schon in der Regierungserklärung des Jahres 2013 keine Rede mehr sein, in der sich kein einziger Hinweis mehr auf das Prinzip der Freiheit fand. Ebenso wenig wie in der von 2018 – sieht man mal von einer En-passant-Erwähnung der »freiheitlichen Gesellschaft« ab. Wer heute auf der Redenseite des Bundeskanzleramts nach dem Stichwort »Freiheit« sucht, findet als prominentesten Treffer einen Hinweis auf die »Barrierefreiheit« der Webseite. Das aber ist ein merkwürdiges Verschwinden eines Begriffs, den unsere Verfassung an den Anfang aller staatlichen Tätigkeit gestellt hat.

Doch – so könnte man einwenden – ist diese Vernachlässigung insbesondere im Nachgang des Kalten Kriegs nicht weniger überraschend als vielmehr einleuchtend?

Die Selbstbeschreibung der USA in der amerikanischen Nationalhymne als »Land der Freien und Heimat der Tapferen« wurde in den Jahrzehnten der Ost-West-Konfrontation bekanntlich ohne großes Federlesen auf die gesamte westliche Hemisphäre übertragen. Der Westen repräsentierte die »freie Welt« im Gegensatz zur »totalitären Dunkelheit ... im Reich des Bösen«, um die plakative Formulierung des ehemaligen US-Präsidenten Ronald Reagan zu verwenden.

Die zentrale Rolle des Freiheitsnarrativs in der Ost-West-Konfrontation spiegelt sich in John F. Kennedys Berlin-Rede, in der fast jeder zweite Satz ein Hoch auf die Freiheit darstellt. In seiner knapp dreiminütigen Ansprache beschwor Kennedy nicht weniger als 15-mal das Ideal der Freiheit. Nur zwei Monate später vollbrachte Martin Luther King Jr. in seiner »I Have a Dream«-Ansprache vor dem Lincoln Memorial in Washington, D.C., das Kunststück, die Freiheit volle 25-mal hochleben zu lassen. Das tat er wohl nicht zufällig auch zur Erinnerung daran, dass die Freiheit, die der US-Präsident im Ausland so ausführlich gefeiert hatte, im Inland eben noch längst keine Realität war.

Da die Freiheit so augenscheinlich als Kampfbegriff des Kalten Krieges diente, wäre es immerhin denkbar, dass der Slogan nach Ende des Konflikts seine Schuldigkeit getan hatte. Steuerte die Welt nun nicht unumkehrbar auf das »Ende der Geschichte« (Francis Fukuyama) zu und auf eine universalistische Zukunft liberaler Demokratien? Die Freiheit hatte gesiegt, und niemand feiert sich als Freiheitskämpfer, wenn alle es sind.

Nur: Ist das Ideal der Freiheit tatsächlich so umfassend erreicht und abgesichert, dass sich eine Erwähnung erübrigt? Hier sind doch sehr grundsätzliche Zweifel angezeigt – wie auf den kommenden Seiten noch ausführlicher dargelegt wird.

Die Ausnahme der Freiheit

Die Freiheit ist nicht am Ende. Zumindest noch nicht. Wie könnte sonst ein Essay »Vom Ende der Freiheit« erscheinen? Für die folgenden Ausführungen sei deshalb auch klargestellt: Eine Debatte über den gesellschaftlichen Wert der Freiheit findet gerade in Deutschland nach wie vor unter idyllischen Bedingungen statt, trotz Pandemie, Einschränkungen von Grundrechten und ungeachtet aller gerechtfertigten Kritik an Unzulänglichkeiten der öffentlichen Debatte. Wer hier allen Ernstes von Gesinnungsdiktatur schwadroniert, erweist sich als historisch blind und der Sache der Freiheit einen Bärendienst.

Die folgenden Überlegungen sind deshalb kein Ausdruck von Katastrophismus und auch kein effekthascherischer Kassandraruf eines »Experten der Apokalypse« (Umberto Eco), sondern ihnen liegt vielmehr die umfassend belegte Tatsache zugrunde, dass das Ideal der Freiheit weltweit unter einzigartigem Druck steht. Der jährliche Bericht etwa der Nichtregierungsorganisation *Freedom House* zeichnet hier aktuell ein geradezu gespenstisches Bild. Insbesondere das Jahr 2020 zeichnet sich durch historisch einmalige Einbrüche in Sachen Demokratie und Freiheitsrechten aus. Nahezu zwei Drittel der Weltbevölkerung leben heute in einem Land, in dem sich die demokratischen Normen verschlechtern.

In 73 Ländern ist das Demokratieniveau im zurückliegenden Jahr gesunken. Doch dieser Einbruch ist keine Ausnahme. Zum 15. Mal in Folge registriert *Freedom House* einen solchen Rückgang. Schon 2008 warnte Larry Diamond, einer der weltweit führenden Demokratieforscher, vor einer »Rezession der Demokratie«. Die Entwicklungen der Gegenwart aber sind keine kurze Flaute der Demokratie, die demnächst von einer Konjunktur der Demokratie abgelöst wird, sondern sie sind Ausdruck einer langfristigen und tiefgreifenden Krise.

Dabei bedroht nicht nur ein Zuviel an autoritärer Übergriffigkeit, sondern auch ein Zuwenig an Staat das Überleben der Freiheit als Grundwert. Es gibt keine Balance der Freiheit, wenn ein Staat kollabiert – egal ob sich dieser in Südamerika, Subsahara-Afrika, dem Nahen Osten oder in Zentralasien befindet.

Auch die Meinungsforschung belegt hier bedenkliche Trends. So verweisen etwa die Daten des *World Values Survey* aus den Jahren 2017 bis 2020 auf den schweren Stand des Ideals der Freiheit gerade in Krisenzeiten. Zu einer eindeutigen Entscheidung zwischen den Werten Freiheit und Sicherheit aufgefordert, stellen sich in Deutschland nur 43 Prozent der Befragten auf die Seite der Freiheit, in Südkorea 42 Prozent, in Japan gerade einmal 13 Prozent. Nur in drei von 50 untersuchten Ländern kann die Freiheit derzeit in einem direkten Vergleich mit dem Wert der Sicherheit bestehen: in Australien, Neuseeland und den USA.

Für extreme Krisensituation scheint eine solche Gewichtung von Prinzipien durchaus naheliegend, schließlich gibt es kein freies Leben, wenn das Leben selbst bedroht ist. Doch was folgt daraus, wenn die Krise allgegenwärtig und dauerhaft wird? Welche Rolle kann die Freiheit dann noch spielen?

»Der freiheitliche, säkularisierte Staat lebt von Voraussetzungen, die er selbst nicht garantieren kann«, lautet das Diktum des früheren Richters am Bundesverfassungsgericht Ernst-Wolfgang Böckenförde. Eben das sei »das große Wagnis, das er, um der Freiheit willen, eingegangen ist«. Auch empirisch ist dieser Satz gut belegt. Vergleichende Demokratieforscher wie Ronald Inglehart verweisen auf die Tatsache, dass »freiheitliche Aspirationen der Bevölkerung eine massiv unterschätzte Rolle in Demokratisierungsprozessen spielen«. Die Folgen des Abwendens breiter Bevölkerungsschichten von freiheitlichen Idealen sind deshalb keine Lappalie, sondern ein politischer Erdrutsch.

Spätestens seit dem Sieg von Donald Trump bei den US-Präsidentenwahlen 2016 – und in Deutschland mit den Erfolgen der AfD – hat die öffentliche Debatte über die Gefährdung der Demokratie massiv an Intensität gewonnen. Dabei steht immer wieder zu Recht die Frage im Fokus, wie es konservative Kräfte und das politische Establishment insgesamt über Lippenbekenntnisse hinaus mit der Herausforderung von Rechtsaußen halten. Bewähren sich konservative Parteien als Gatekeeper des demokratischen Systems – wie etwa in Belgien in den 1930er-Jahren –, oder erweisen sie sich als Steigbügelhalter des Illiberalismus und als Totengräber der Freiheit? In Zeiten, in denen sich ein abgewählter US-Präsident weigert, seine Wahlniederlage anzuerkennen, und in denen in weiten Teilen der extremen Rechten in Europa das Zerrbild einer elitär-liberalen Weltverschwörung gezeichnet wird, ist der Kampf freiheitlicher Kräfte gegen die Bedrohung von rechts unabdingbar.

Doch in aufgeklärten Kreisen gerät angesichts dieser Bedrohungsperspektive allzu häufig aus dem Blick, dass auch auf der politischen

Linken fragwürdige antifreiheitliche Tendenzen zu beobachten sind, die ebenfalls eine erhebliche Gefahr für die Demokratie darstellen - aber sehr viel seltener thematisiert werden. Sicher unterscheiden sie sich in Intention und Instrumenten von der rechten Bedrohung. Doch dass sich gerade gesellschaftliche Milieus, die sich stets als Bastion der Autonomie und Selbstbestimmung verstanden haben, nun nicht mehr bedingungslos für die Idee der Freiheit engagieren, ist auf eine ganz eigene Art brisant.

Angesichts dieser vielschichtigen Bedrohungslage soll in den folgenden Kapiteln zu den Schwerpunkten Pandemiebekämpfung, Identitätspolitik, Meinungsfreiheit, Digitalisierung und Klimakrise herausgearbeitet werden, welche spezifischen politischen Herausforderungen für das Ideal der Freiheit bestehen und welche Positionsverschiebungen auf der progressiven Seite besonders schwere Hypotheken für ein Bestehen der Freiheit darstellen.

Freiheit ist die historische Ausnahme, nicht die Regel – und existiert stets in einem Spannungsfeld zwischen potenziell übergriffigem Staat und latent willfähriger Gesellschaft. Die Freiheit behauptet sich in einem Korridor, in dem sich »Staat und Gesellschaft gegenseitig ausbalancieren«, wie es Daron Acemoglu und James A. Robinson in ihrer aktuellen monumentalen Studie *The Narrow Corridor* über die soziale Bedingtheit von Freiheit formulieren.

Freiheit ist eben kein Wert auf einer nach oben offenen Skala. Im Gegensatz zu anderen gesellschaftlichen Idealen kann sie nicht absolut werden, ohne sich in ihr Gegenteil zu verkehren. »Freiheit ist«, wie Hans-Peter Bartels, Wolfgang Merkel und Johano Strasser vor einigen Jahren für die Grundwertekommission der SPD schrieben, »Voraussetzung wie beständiges Resultat der freiheitlichen Demokratie«. Diese Erkenntnis ist es, die die Überlegungen dieses Essays als Ausgangspunkt mitbestimmt.

Wenn nun auf den folgenden Seiten die Bedrohung durch den Rechtsautoritarismus und andere Gefährdungspotenziale – etwa durch den militanten Islamismus – hintangestellt werden, so geschieht das nicht in dem Versuch, diese Gefahren kleinzureden. Es geht auch nicht um ein Loblied auf die vermeintlich reine Lehre des *Laissez-faire*, in der allen geholfen ist, wenn nur jedes Individuum intensiv genug an sich selber denkt. Im Gegenteil: Die Propagierung libertärer Glaubenssätze eines schwachen Staats in einem entgrenzten Kasinokapitalismus ist nicht Teil der Lösung, sondern Teil des Problems – ebenso wie der Missbrauch freiheitlicher Rhetorik durch autoritäre Agitatoren, die sich in das Gewand der Freiheit kleiden, um ein Weltbild der Ungleichheit mit dem schönen Schein einer noblen Idee zu versehen.

Wenn diese Risiken auf den folgenden Seiten nur am Rande behandelt werden, geschieht das nicht aus Missachtung, sondern auch weil breit rezipierte Analysen wie Thomas Pikettys *Das Kapital im 21. Jahrhundert*, aber auch Michael J. Sandels Abrechnung *Vom Ende des Gemeinwohls* hier bereits den Finger in die Wunde legen, die nicht durch ein Zuwenig, sondern durch ein Zuviel an falsch verstandener »Freiheit von« geschlagen wurde.

Bewusst sollen dabei auch Aspekte des Themas ausgeblendet werden, die zwar durchaus relevant sind, aber eine gesonderte Betrachtung verdienen – etwa die Zukunft der Europäischen Union und das existierende freiheitliche Dilemma zwischen stärkerer globaler Handlungsfähigkeit und demokratischen Präferenzen der Einzelstaaten. Ebenfalls nicht weiter ausgeführt werden können hier aktuelle Forschungsergebnisse der (Neuro-)Wissenschaft, die hinter die als selbstverständlich angenommene Vorstellung der Existenz eines freien menschlichen Willens immer öfter ein Fragezeichen setzen, ohne dass hiervon die Irrelevanz solcher Hinweise abgeleitet werden soll.

Ziel dieses Essays ist also nicht eine erschöpfende wissenschaftliche Abhandlung zum Großthema Freiheit in all ihren Nuancen. Vielmehr sollen damit Schlaglichter auf so merkwürdige wie bezeichnende blinde Flecken des vorherrschenden politischen Diskurses geworfen werden. Dabei soll dieser Zwischenruf als ein so selbstkritisch wie hoffentlich konstruktiver Appell gerade an weltoffene Kräfte verstanden werden, das Ideal der Freiheit in der politischen Auseinandersetzung nicht vorschnell preiszugeben. Getragen wird dieser Einwurf dabei von der Mahnung, die Hannah Arendt ans Ende ihrer Betrachtungen zur Freiheit stellte: »Wir können allenfalls darauf hoffen, dass die Freiheit in einem politischen Sinn nicht wieder für Gott weiß wie viele Jahrhunderte von dieser Erde verschwindet«.

Wir aber sollten nicht nur hoffen, dass die Freiheit Bestand hat, sondern gegenhalten und engagiert für freiheitliche Prinzipien Position beziehen. Nur wo? Gerade als Stimmen, die sich für Demokratie, Gerechtigkeit und Zusammenhalt stark machen, fangen wir damit am besten an einem ganz bestimmten Ort an: vor der eigenen Haustür.

Kapitel 2
Freiheit und die neue Normalität der Pandemie

Primum non nocere – zunächst einmal nicht schaden: Wenn der Eid des Hippokrates zur Bewertung der Pandemiebekämpfung in westlichen Demokratien herangezogen wird, fällt zumindest die freiheitsbezogene Behandlungsbilanz niederschmetternd aus.

Mit dem Ausbruch des neuartigen Coronavirus im chinesischen Wuhan trat nicht nur die damit verbundene Krankheit ihren Siegeszug um die Welt an, sondern auch als alternativlos dargestellte autoritäre Reaktionsmuster, die nur wenige Wochen zuvor in den meisten Demokratien als totalitäre Fieberträume bezeichnet worden wären. Ausgangssperren, Versammlungsverbote, Schulschließungen, heruntergelassene Schlagbäume an den Grenzen: Solche Maßnahmen erschienen in westlichen Gesellschaften bislang selbst in schwersten Krisen nicht nur als unerwünscht, sondern auch als unmöglich. Wurden nicht etwa Grenzschließungen noch vor wenigen Jahren von allerhöchster Stelle als undurchführbar zurückgewiesen?

Freiheit wurde in Zeiten der gesundheitlichen Bedrohung von heute auf morgen zurückgestellt zugunsten einer möglichst widerspruchslosen Unterwerfung unter das regierungsamtliche Quarantäneregime, um »das Erreichte nicht aufs Spiel zu setzen«, wie Bundeskanzlerin Angela Merkel wiederholt betonte. Damit aber – das soll auf den folgenden Seiten herausgearbeitet werden – geriet die politische Bekämpfung der Pandemie zu einer gefährlichen Hypothek für den Wert der Freiheit und für den Umgang mit künftigen Krisen. Denn eine Bedrohung von Autonomie und Selbstbestimmung geht nicht nur von der

Pandemie und den unvermeidbaren Auswirkungen einer unbestreitbar gefährlichen Krankheit aus, sondern auch von überzogenen und undifferenziert geduldeten Maßnahmen der Krankheitseindämmung.

Klar ist dabei auch: Eine Diskussion der freiheitlichen Bilanz der Pandemie ist bislang nur unter Vorbehalt möglich. Denn es ist schließlich derzeit kaum absehbar, welchen weiteren Verlauf COVID-19 nehmen wird. Zumindest aktuell denkbar ist, dass Welle um Welle neuer Virusvarianten zu einem dauerhaften Ausnahmezustand führt. Oder wird die Pandemie schleichend auslaufen, weil die betroffenen Gesellschaften zu dem Schluss gelangen, dass die Kosten der Reaktionen den Nutzen übersteigen? Doch zu fragen ist, wie eine solche Rückkehr zu einem Zustand der pandemischen Naivität in Zeiten des Informationsoverkills möglich ist.

Um nicht missverstanden zu werden: Sicher können freiheitseinschränkende Schritte demokratischer Regierungen legitim sein, um den Schaden einer pandemischen Bedrohung zu begrenzen. Und von Ausnahmen abgesehen sind dabei selbst fundamentale Freiheitsrechte nie absolut gesetzt, sondern können eingeschränkt und auch aufgehoben werden. Ein Notstand alleine macht noch keinen Unrechtsstaat.

Doch Beschränkungen sind eben nur dann zulässig, wenn bestimmte Bedingungen erfüllt sind. Erforderlich sind nicht nur ein legitimes Ziel, eine klare Rechtsgrundlage und eine nichtdiskriminierende Form der Einschränkung, sondern auch *verhältnismäßige* Maßnahmen der Bekämpfung. Politische Schritte müssen angemessen sein und das angestrebte Ziel mit den mildesten, nicht den wildesten Einschränkungen erreichen.

Spätestens an dieser Stelle erscheinen wesentliche Maßnahmen der Pandemiebekämpfung als reichlich fragwürdig. Doch eine Gefahrenabwehr, die Bedrohungen eben nicht effizient und effektiv begegnet, verkommt selbst zu einem unkalkulierbaren Risiko. Das gilt vor allem dann, wenn die Normalität, wie sie vor der Pandemie war, von entscheidenden gesellschaftlichen Kräften eben nicht mehr als erhaltenswert dargestellt wird, sondern als pathologischer Irrweg, der im Zuge der Krise nun möglichst dauerhaft überwunden werden soll.

Die pandemische Aufkündigung der Normalität

»Wir bitten dich, oh Herr, erhöre unser demütiges Gebet und halte gütig Pest und Sterblichkeit von uns fern«, heißt es in einem Pestgebet, in dem Katholiken über Jahrhunderte beim heiligen Sebastian Zuflucht suchten, um das Grauen der Krankheit fernzuhalten. »Befreie Dein Volk von den Schrecken Deines Zornes.« Von einem so inbrünstig formulierten Wunsch nach einem möglichst baldigen und umfassenden Abklingen der Krise konnte in der politischen Debatte der Pandemie zumindest in westlichen Demokratien kaum je die Rede sein. In Zeiten von COVID-19 wurde vielmehr deutlich, dass Meinungsführer quer über ideologische Gräben hinweg eben nicht mehr die Rückkehr zum Ursprungszustand in Aussicht stellten, sondern die Überwindung einer Normalität, die als fehlgeleitete Verirrung präsentiert wurde.

Dies traf zunächst insbesondere für Teile der autoritären Rechten zu, die in der Pandemie die Chance zur Legitimierung ihrer ohnehin lang gepflegten nationalen Abriegelungs- und Ermächtigungsfantasien erblickten. Umfassende Teile ihrer Agenda erschienen plötzlich als nicht mehr extremistisch, sondern als alternativlos.

Doch ebenso charakteristisch waren auch die Schwärmereien mancher progressiver Vordenker, die Lockdowns als unerwartete Chance für den gesellschaftlichen Umbau begriffen – als zu begrüßende sozial-ökologische Stunde null. Die kanadische Antiglobalisierungsaktivistin Naomi Klein steht hier für viele. Sie meinte in COVID-19 eine einmalige Gelegenheit in Sachen Kapitalismusüberwindung erkennen zu können und hoffte, der Ausnahmezustand könne »eine Art Evolutionssprung katalysieren«. Andere Stimmen versprachen sich die zügige Einführung eines bedingungslosen Grundeinkommens oder endlich die Neuerfindung der Europäischen Union als Europäischer Bundesstaat. In solchen Denkarten, spottete Salman Rushdie, sollten westliche Gesellschaften »aus dem Kokon des Lockdowns als freundlichere, zartere, weniger habgierige, ökologisch weisere, weniger rassistische, weniger kapitalistische und inklusivere Gesellschaften« wiedergeboren werden.

Wobei zumindest bezogen auf die Europäische Union diese Wahrnehmung nicht völlig falsch war. Und auch im Alltag dürften sich einige der verhängten Beschränkungen tatsächlich als Zugewinn an Selbstentfaltung dargestellt haben – zumindest für privilegiert Beschäftigte. Die Möglichkeit zur flexiblen Arbeit per Zoomcall etwa stellte sicher für manchen *White-Collar Worker* einen Zuwachs an Lebensqualität dar.

Doch waren und sind diese Vorteile gesellschaftlich ungleich verteilt. Der Klassenunterschied, wie er sich in den unterschiedlich verteilten Zuordnungen des Dreiklangs Kurzarbeit, *Essential Worker* und *Home-Office* manifestierte, aber hatte und hat massive Auswirkungen auf die langfristige Krisenperspektive. Gleiches gilt für die ungleich verteilten Auswirkungen der Pandemie auf Männer und Frauen. Hier belegen Studien dramatische Einbußen in Sachen Gleichberechtigung, die maßgeblich mit dem Aussetzen staatlicher Betreuungsangebote für Kinder zusammenhängen.

Die Euphorie progressiver Stimmen, die in der Krise in erster Linie Chancen zu positiven Veränderungen erblickten, erscheint aber auch aus historischer Perspektive als allzu optimistisch. Denn im Rückblick auf vergleichbare Disruptionen lässt sich eben gerade nicht belegen, dass gesellschaftliche und vor allem damit zusammenhängende ökonomische Krisen stets zu langfristigen demokratischen Zugewinnen und zum quasi gesetzmäßigen Erstarken freiheitlicher Stimmen beigetragen hätten. Eher im Gegenteil.

Die Spanische Grippe des Jahres 1918 etwa – darauf verweist der US-Soziologe Lane Kenworthy – beendete in den USA zwei Dekaden progressiver Reformen. Ganz zu schweigen von den Konsequenzen der Weltwirtschaftskrise 1929 und dem in der Folge eskalierenden Nationalchauvinismus. Und auch die Wirtschafts- und Finanzkrise 2008 hatte nicht nur »das befremdliche Überleben des Neoliberalismus« zur Folge (Colin Crouch), sondern auch eine Welle des politischen Extremismus mit deutlich antifreiheitlichen Konsequenzen. Es bleibt das Geheimnis progressiver Optimisten, weshalb nun ausgerechnet COVID-19 von diesem Trend abweichen sollte.

Das autoritäre Virus

COVID-19 als Chance? In der Tat. Doch anders als von enthusiastischen Beobachtern erhofft, stellt sich die Pandemie bislang in erster Linie als Chance für autoritäre Regierungen dar, gesellschaftliche Kontrollambitionen auf ein ganz neues Niveau zu heben – und dafür in vielen Fällen auch noch Beifall von völlig verängstigten Bevölkerungen zu erhalten. Schon immer haben Krisen, ob inszeniert oder real, zur Rechtfertigung autoritärer Schritte gedient. »Für Demagogen ist jede Krise eine Gelegenheit, unbequeme Kontrollen der demokratischen Politik abzuräumen«, schreiben etwa Daniel Ziblatt und Steven Levitsky in ihrem Warnruf *Wie Demokratien sterben*.

Dafür finden sich bekanntlich zahlreiche historische Belege: Vom Reichstagsbrand bis zum Putschversuch in der Türkei 2016 zeigt sich, dass Öffentlichkeiten in Zeiten wahrgenommener Gefahren für die weitgehende Hinnahme autoritärer Maßnahmen nur allzu empfänglich sind. Ein solcher »Burgfrieden in der Krise« muss dabei in vielen Fällen nicht einmal explizit verkündet werden. Wenn das Haus brennt, hört man schließlich einfach besser auf die Anweisungen der Feuerwehr, statt fristgerecht eine Eigentümerversammlung einzuberufen und ausführlich über das geeignete Vorgehen zu beraten.

Die totalitäre Gelegenheit der COVID-Krise haben nicht nur autoritäre Regierungen zu nutzen verstanden. »Weltweit griffen Staaten in der Pandemie massiv in Grundrechte ein«, berichtet etwa der aktuelle *Atlas der Zivilgesellschaft*. In vielen Fällen sind Regierungen dabei mit unverhältnismäßigen Freiheitsbeschränkungen gegen politische Dissidenten vorgegangen. »Was als Gesundheitskrise begann, ist mittlerweile Teil der globalen Demokratiekrise geworden«, warnt deshalb Michael J. Abramowitz, Präsident der amerikanischen Organisation *Freedom House*. Die Analysen seiner Organisation verweisen darauf, dass sich die Menschenrechtslage im Zuge der Pandemie weltweit empfindlich verschlechtert hat. In 91 von 192 untersuchten Ländern, meldet *Freedom House*, wurde die Freiheit der Medien eingeschränkt, in 158 Ländern die Versammlungsfreiheit. Dabei aber wurde zum Teil planmäßig über das Ziel hinausgeschossen. »Regierungen in jedem Teil der Welt haben ihre Macht im Namen der öffentlichen Gesundheit missbraucht und die Möglichkeit beim Schopfe ergriffen, Demokratie und Menschenrechte zu unterminieren«, fasst Abramowitz eine aktuelle Studie zur »Demokratie im Lockdown« zusammen.

Beispiel Kolumbien: Dort wurde der 43-jährige Anwalt Javier Ordóñez nach Medienberichten wegen Verstoßes gegen Lockdown-Regeln von Polizisten abgefangen, die ihn mit Elektroschocks und Schlägen so schwer verletzten, dass er starb. Beispiel Simbabwe: Dort wurden im Frühsommer 2020 in der Hauptstadt Harare drei Politikerinnen der wichtigsten Oppositionspartei verhaftet, schwer misshandelt, vergewaltigt und nach 48 Stunden mit Exkrementen beschmiert auf der Straße ausgesetzt. Die Reaktion der Regierung: Eine Anklage wegen Verstoßes gegen die Corona-Auflagen. Beispiel Kambodscha: Dort erließ die Regierung im vergangenen Jahr ein Notstandsgesetz, das die Grundlagen der Bedrohung sehr vage definiert. Auf Basis dieses Gesetzes wird die Regierung künftig beinahe willkürlich politische Versammlungen und die Meinungsfreiheit einschränken können. Beobachter bezeichnen die neue Rechtslage als »endgültiges Aus des Demokratieprozesses« in dem südostasiatischen Land. Ganz abgesehen von China, wo die Grenze zwischen Pandemiebekämpfung und staatlicher Totalüberwachung schon von Tag eins des Corona-Ausbruchs an unmöglich zu ziehen war.

Massive Einschränkungen von Freiheit sind jedoch nicht nur in autoritären Staaten zu beobachten, wo Corona bestehende Trends eher verschärfte, sondern auch in voll demokratischen Systemen. So belegt ein aktueller Bericht des schwedischen *International Institute for Democracy and Electoral Assistance*, dass in annähernd der Hälfte aller Demokratien weltweit im Rahmen der Pandemiebekämpfung »illegale, unverhältnismäßige, zeitlich unbegrenzte oder unnötige Einschränkungen« verhängt wurden.

Mehrere EU-Staaten erklärten offiziell den Notstand: Darunter Bulgarien, Finnland, Litauen, Luxemburg, Portugal, Rumänien, die Slowakei, Spanien, Tschechien, Ungarn und Zypern. Doch auch Länder, die diesen Weg nicht einschlugen, befanden sich inoffiziell in einem einzigartigen historischen Ausnahmezustand. Sogar in dem Land mit den am wenigsten restriktiven Maßnahmen, Schweden, wurden Menschenrechte gravierend beschnitten.

»Souverän ist, wer über den Ausnahmezustand verfügt«, bemerkte bekanntlich der so scharfsinnige wie umstrittene Staatsrechtler Carl Schmitt. Der Souverän aber – das demokratische *Demos* – hatte in diesen Entscheidungen zumindest über den Weg der Parlamente kaum etwas zu melden. In Demokratien wurden nicht nur reguläre Gesetzgebungsverfahren außer Kraft gesetzt. Auch die Arbeit von Parlamenten als Orte der gesellschaftlichen Debatte und Abwägung wurde empfindlich eingeschränkt. Eine Aufstellung der *Interparlamentarischen Union* zu den parlamentarischen COVID-Reaktionsmustern vom Oktober 2020 illustriert den Umfang der demokratischen Entmachtung in Coronazeiten.

Das Spektrum reichte insbesondere im ersten Jahr der Pandemie von zusammengestrichenen Sitzungskalendern und ausgedünnten Fraktionen bis hin zur nahezu vollständig eingestellten parlamentarischen Arbeit. Auch die Möglichkeit von Bürgerinnen und Bürgern sowie der Zivilgesellschaft, Einfluss auf politische Prozesse zu nehmen, wurde massiv eingeschränkt. Es war die Stunde der Exekutive mit Verordnungen und Anweisungen, die verfassungsmäßig zum Teil völliges Neuland betraten. In Deutschland nicht zuletzt mit einer so allzuständigen wie vertraulichen Runde aus Bundeskanzlerin und Ministerpräsidenten der Länder, die in keinem Grundgesetzartikel auch nur erwähnt wird. Aber auch in der internationalen Politik oder in den Vereinten Nationen hieß es für Nichtregierungsorganisationen in Zeiten des hygienischen Durchregierens plötzlich: Bitte draußen bleiben!

Auch das Rechtswesen wurde in Mitleidenschaft gezogen. Verzögerungen und Gesundheitsauflagen blockierten in einer ganzen Reihe von EU-Staaten den regulären Rechtsweg. Auch wohlmeinende pragmatische Lösungen waren nicht immer unproblematisch. Strafrechtsprozesse, die (wie etwa aus Spanien berichtet wird) teilweise per *Zoom* durchgeführt wurden, lassen sehr an der Umsetzung fairer Prozessstandards zweifeln.

Doch die gravierendsten Einschränkungen von Grundrechten bezogen sich nicht auf politische Prozesse und Verwaltungsstrukturen, sondern auf den Alltag der Menschen. Bewegungsfreiheit, Versammlungsfreiheit, Vereinigungs- und Koalitionsfreiheit, Freizügigkeit, Gewerbefreiheit, Glaubens- und Religionsfreiheit, Berufsfreiheit, Schutz des Eigentums ... – sie alle wurden in westlichen Demokratien über Nacht und ohne tiefergehende Debatte eingeschränkt, wenn nicht zumindest temporär vollständig aufgehoben. Nur in Einzelfällen konnten sich hier Gerichte als Bollwerk freiheitlicher Prinzipien beweisen, wenn sie überhastet und pauschal verhängte Maßnahmen der Virusbekämpfung für unrechtmäßig erklärten – wie im Juli 2021 etwa das spanische Verfassungsgericht.

Dieses allgemeine Muster aber ist so bezeichnend wie fragwürdig. Denn was uns nach fast zwei Jahren Pandemie in weiten Teilen schon so vertraut vorkommt, ist alles andere als selbstverständlich. Im Prozess der Gewöhnung an die verhängten restriktiven Maßnahmen gerät aus dem Blick, dass eben nicht nur das Virus selbst, sondern auch die politischen Reaktionsmuster westlicher Demokratien letztlich aus einem autoritären Staat stammen, dem damit eine äußerst zweifelhafte Vorbildrolle zugebilligt wurde.

Noch 2019 – darauf verweisen Phillip W. Magness und Peter C. Earle in einem aktuellen Fachaufsatz – wurden Ansätze des umfassenden Lockdowns von maßgeblichen Teilen der westlichen epidemiologischen Fachcommunity als ineffektiv *und* politisch allzu leicht missbrauchbar abgelehnt. Davon aber war plötzlich keine Rede mehr. Stattdessen erfolgte eine unvermittelte und weitreichende Orientierung am chinesischen Vorbild.

Dabei begann es erst noch ganz anders: Selbst nach deutlichen Hinweisen auf eine Bedrohung aus Wuhan setzten westliche Entscheidungsträger zunächst fast unisono auf *Business as usual*. Ende Januar

2020, als chinesische Behörden bereits mehrere hundert COVID-Fälle gemeldet und die Weltgesundheitsorganisation (WHO) längst ein Notfallkomitee zur Einstufung der Bedrohung als »gesundheitliche Notlage internationaler Tragweite« ins Leben gerufen hatte, wiegelten westliche Stimmen weiterhin ab.

So versicherte etwa Bundesgesundheitsminister Jens Spahn am 23. Januar 2020, es bestehe »kein Anlass zu Unruhe oder unnötigem Alarmismus«. Damit befand er sich zwar inhaltlich auf einem Irrweg, doch international in bester Gesellschaft – nicht nur in Europa, sondern auch in den USA. Dort sprach noch Ende Januar der US-Chefberater Anthony Fauci von einem »sehr, sehr niedrigen Risiko für die Vereinigten Staaten«. Das neuartige Virus sei »nichts, worüber sich die amerikanische Öffentlichkeit Sorgen machen« müsse. Ganz zu schweigen vom Leugnen jeder Gefahr durch den damaligen US-Präsidenten.

Diese Phase der Beschwichtigung kippte bekanntlich fast über Nacht ins andere Extrem: Von der Verharmlosung zur Panik – und zwar ohne den Umweg einer rationalen Güterabwägung. Parallel zu den globalen Infektionsketten eskalierten die Eindämmungsmaßnahmen wie in einem Überbietungswettbewerb in Sachen aktiver Krisenreaktion: Schulschließungen, Ausgangssperren, Quarantäne, Lockdowns, Isolation, tiefe Eingriffe in den Datenschutz ...

Die Maßnahmen wurden mit geringen Verzögerungen und unter massivem medialen Handlungsdruck (auch seitens sozialer Medien) von einem Land nach dem anderen übernommen – weitgehend analog zu den in Beijing getroffenen Entscheidungen, und im globalen Süden mancherorts völlig unbeeindruckt davon, dass sich auch nur der Versuch einer Umsetzung als entweder illusorisch oder als katastrophal erweisen musste.

Bei keiner anderen gesellschaftlichen Herausforderung orientieren sich westliche Demokratien am Modell Beijing. Weshalb wurde ausgerechnet in der Pandemie von diesem Kurs abgewichen? »China ist ein kommunistischer Einparteienstaat, wir waren sicher, dass wir mit Lockdowns in Europa nicht durchkommen würden«, erklärte etwa der

Epidemiologe Neil Ferguson, der virologische Chefberater der britischen Regierung, im Dezember gegenüber der *Times*. »Und dann tat Italien es einfach, und wir realisierten, dass auch wir das können. Heute erscheinen Lockdowns als unausweichlich.«

Sicher gab es Unterschiede: In China etwa trennte das Militär Angehörige von ihren erkrankten Familienmitgliedern. Davon wurde in westlichen Demokratien abgesehen – auch wenn solche Schritte durchaus erörtert wurden. Doch auch in westlichen Demokratien wurden Flugreisende vom Militär in Quarantänestationen begleitet (wie etwa in Australien), wurden Menschen mit Androhung von Polizeigewalt daran gehindert, ihre sterbenden Angehörigen zu besuchen (wie im Vereinigten Königreich) oder Familien über Monate durch unerbittliche Grenzschließungen auseinandergerissen. In Kanada etwa wurden in Dutzenden von Fällen Kinder von ihren im Ausland gestrandeten Elternteilen getrennt, ohne dass dies zu einem Aufschrei der Öffentlichkeit geführt hätte. Auffälligste Ausnahme von dieser Regel war hier das Vorgehen der schwedischen Regierung, das sich durch stärkere Betonung des Freiwilligkeitsprinzips deutlich von den Reaktionsmustern anderer Länder unterschied.

Mit wirklichem Rechtfertigungsdruck hatte dabei zunächst kaum eine Regierung zu rechnen. Staats- und Regierungschefs weltweit profitierten von einem einzigartigen Vertrauensgewinn, der – wie Spötter meinen – in Teilen an das Stockholm-Syndrom erinnert.

Getragen wurde dieser globale *Copy-Paste*-Ansatz der einzelnen Regierungen von martialischster Kriegsrhetorik. In seltener Einmütigkeit erklärten selbst Erzrivalen wie Donald Trump, Xi Jinping, Emmanuel Macron und UN-Generalsekretär António Guterres einen »Krieg gegen den Virus«. Selbst der kanadische Premierminister Justin Trudeau verglich den Kampf gegen Corona mit der Landung in der Normandie.

Auf den ersten Blick mag das angemessen erscheinen. Schließlich stellt COVID-19 zweifelsfrei einen Angriff auf das menschliche Zusammenleben dar, wie wir ihn zumindest in den großen Industrienationen seit Jahrzehnten nicht mehr erlebt haben. Doch irreführend ist die Formel vom Krieg gegen Corona insbesondere deshalb, weil sie unrealistische Erwartungen weckt: nämlich dass man nur massiv aufrüsten müsse und es am Ende einen Besiegten und einen eindeutigen Sieger geben würde. Im »Krieg gegen Corona« ist das illusorisch – auch wenn die Aktivisten von *Zero Covid* noch so vehement darauf beharren. In dieser Ausgangslage dennoch von einem Krieg und einem abschließenden »Sieg« zu sprechen birgt die Gefahr, die Gesellschaft auf einen permanenten Ausnahmezustand einzuschwören. Ein solcher aber ist nur allzu leicht politisch zu instrumentalisieren – zumal in einer Situation, in der sich gesellschaftliche Mehrheiten zumindest bislang mit den weitreichendsten Einschränkungen von Freiheitsrechten seit Ende des Zweiten Weltkriegs so umfassend einverstanden zeigen.

Die politischen Reflexe der Coronapolitik

Bislang hat es nicht den Anschein, als ob Impulse zur Befreiung von einer überbordenden Pandemiebürokratie in besonderem Maße von progressiven Kräften ausgehen würden. Vielerorts scheint sich neben einer COVID-Sicherheitsindustrie auch eine Art Sicherheitsfolklore zu entwickeln, deren Umsetzung nicht so sehr der Reduzierung von Ansteckungsrisiken dient, sondern zumindest *auch* der öffentlich sichtbaren Dokumentation der Zugehörigkeit zum Lager der Corona-Ernstnehmer.

Wie sonst ließen sich Gruppenbilder etwa des G-7 Gipfels in Cornwall erklären, in der sämtliche doppelt geimpfte Regierungschefs der Industrienationen unter freiem Himmel sechs Fuß Abstand halten, nur um im Anschluss bei Beratungen die Köpfe zusammenzustecken? Wahrscheinlich beruht dieses demonstrative Signalisieren von Verantwortung auf besten Intentionen. Schließlich geht man so lange mit gutem Beispiel voran, bis auch die Nachzügler am Ziel sind. Doch zugleich kommuniziert diese Sicherheitstheatralik eben auch das Beharren auf einem Ausnahmezustand, an den sich westliche Demokratien nicht gewöhnen sollten.

Die einzigartigen Grundrechtseinschränkungen in westlichen Demokratien wurden gerade von progressiver Seite nur selten infrage gestellt. Statt Reflexion waren hier eher Reflexe zu beobachten. In dem

Maße, in dem die etablierten Coronapolitikmuster westlicher Demokratien von Teilen der extremen Rechten abgelehnt wurden, diskreditierten Teile des progressiven Lagers nahezu jede kritische Äußerung zur Pandemiepolitik als politische Fahrlässigkeit. Fast zwanghaft schien die Coronapolitik so mancher europäischen Regierung von dem Bedürfnis bestimmt gewesen zu sein, sich möglichst plakativ von den »Populisten« abzuheben.

Ironischerweise aber beruht genau das auf einer Fehlwahrnehmung. Denn das Bild einer umfassenden Vogel-Strauß-Politik der populistischen Rechten ist nur bedingt stimmig. Die *eine* populistische Antwort auf Corona hat es nie gegeben. Männer wie Donald Trump, Jair Bolsonaro in Brasilien oder auch Alexander Lukaschenko in Belarus spielten die Gefahr des Virus in der Tat herunter – Lukaschenko unter anderem mit dem Vorschlag, COVID-19 mit dem Konsum von Wodka zu behandeln. Doch andere rechtsautoritäre Akteure setzten ganz und gar nicht auf eine Bagatellisierung, sondern reagierten exakt so, wie es besonders besorgte Kreise auch im progressiven Lager demokratischen Regierungen empfahlen.

Der Hindu-Nationalist Narendra Modi in Indien etwa verfügte einen Lockdown, der den Exodus von Millionen von Tagelöhnern aus indischen Metropolen zur Folge hatte. Der autoritäre Staatschef der Philippinen, Rodrigo Duterte, verhängte eine Ausgangssperre, die selbst Kinder über Monate in Innenräumen festsetzte. Und auch rechtsautoritäre Entscheidungsträger in Europa tendierten eher zur Überreaktion als zum Aussitzen – etwa in Tschechien, Ungarn und Polen. In Moskau – so wird berichtet – durften die Menschen wochenlang ihre Apartments nur nach Registrierung verlassen – und auch das nicht unbegrenzt. Und auch der vom skeptischen Saulus zum Corona-Paulus gewandelte britische Premierminister Boris Johnson, der selbst ernsthaft an COVID-19 erkrankte, setzte auf Ausgangssperren, Schulschließungen und Quarantäne.

Gerade in der medialen Berichterstattung aber dominierte angesichts der anstehenden Wahlen in den USA das Bild des untätigen Populisten – namentlich in Gestalt von Donald Trump. Im Umkehrschluss wurde nahezu jegliche Kritik an Coronamaßnahmen fast automatisch als »covidiotisch« und kurzsichtig gebrandmarkt, und zwar nicht nur in Deutschland. Das Eintreten für Freiheitsrechte wurde dabei als überzogene, historisch blinde und vor allem unsolidarische Sperenzchen diskreditiert, für die in der Pandemie kein Platz mehr sei.

Natürlich speiste sich die Kritik an der Coronapolitik zum Teil auch aus absurden Verschwörungstheorien. Und natürlich wurden Proteste – gerade in Deutschland – umgehend von rechtsaußen infiltriert. Doch zur Wahrheit gehört eben auch, dass die Vereinnahmung legitimer Kritik durch extremistische Kräfte in dem Maße zunahm, wie jede abweichende Stimme pauschal in die ideologische Schmuddelecke verbannt wurde. Größer als die Angst vor dem Virus war mancherorts augenscheinlich nur noch die Angst vor dem Beifall von der falschen Seite.

Das so laute Schweigen progressiver Kräfte zu historisch einzigartigen Freiheitseinschränkungen ist gerade vor dem Hintergrund von Grundrechtseinschränkungen in der Vergangenheit verwunderlich. Die Anti-Terror-Gesetze des »Deutschen Herbstes« 1977, die Anti-Terror-Pakete im Zuge der Angriffe auf das *World Trade Center* 2001, sie alle wurden von weiten Teilen des progressiven Spektrums nach Abwägen des Für und Wider zwar letztlich akzeptiert und in Deutschland zum Teil maßgeblich von Sozialdemokraten eingeführt. Doch dies geschah eben erst nach einer intensiven Auseinandersetzung, in deren Verlauf Beschränkungen von Grundrechten eben nicht unhinterfragt als alternativlos durchgewunken wurden.

Gerade die Kritik an der Kritik der Coronapolitik in Teilen des progressiven Spektrums ist vor diesem Hintergrund wenig verständlich. Die Reaktion etwa auf die Aktion #allesdichtmachen deutscher Filmschaffender trug hysterische Züge. Noch während die Filmclips millionenfach geschaut wurden, senkte das *Juste Milieu* den Daumen. »Ein Schlag ins Gesicht der Pflegerinnen und Pfleger«, eine »Verhöhnung der Corona-Opfer«, ein »Anbiedern an den Gegner ganz rechts«, so lauteten die indignierten Urteile – augenscheinlich überrumpelt von der Tatsache, dass Coronakritik tatsächlich intelligent, ironisch und ohne Aluhut formuliert werden konnte. »Wenn einer bei uns einen guten politischen Witz macht, dann sitzt halb Deutschland auf dem Sofa und nimmt übel«, bemerkte schon Kurt Tucholsky. Hier unterscheidet sich die neue Normalität der Pandemie augenscheinlich kein bisschen von den präpandemischen Gepflogenheiten.

Doch was genau ist es, was im progressiven Milieu an den Protesten so grundsätzlich aufstößt? Wenn es eine Lehre gerade der deutschen Geschichte gibt, dann doch wohl die, dass Skepsis eine demokratische Tugend darstellt. Vieles spricht dafür, Teile der Proteste und das kritische Hinterfragen der Coronamaßnahmen zumindest *auch* als ein Vitalitätszeichen einer kritischen Öffentlichkeit zu verstehen. Die Antwort auf eine Politik der totalen Pandemie ist eben nicht der gesellschaftliche Gleichschritt. Darüber aber sollten Demokraten erfreut sein statt entrüstet.

Die Technokratie der Pandemie

Über die direkten freiheitseinschränkenden Maßnahmen hinaus ist im Hinblick auf das Ideal der Freiheit auch die weitgehende Auslagerung politischer Entscheidungsprozesse an eine ungewählte Expertokratie problematisch, wie es in der Pandemiebekämpfung in zahlreichen westlichen Demokratien zu beobachten ist. So gewannen etwa Virologen und Modellierer mathematisch-statistischer Berechnungen nicht zuletzt aufgrund der allgemeinen politischen Verunsicherung bisher nie gekannten Einfluss auf die öffentliche Meinung und die politischen Entscheidungsprozesse.

Gerade in progressiven Kreisen wurde diese Entwicklung nur selten infrage gestellt. »Follow the Science«, lautete hier vielmehr das ad nauseam beschworene Mantra. Doch es gab noch schärfere Positionen. »Mehr Diktatur wagen!«, forderte etwa Thomas Brussig in der *Süddeutschen Zeitung* und fabulierte ganz ernsthaft von einer Ohnmachtserfahrung der Demokratie und dem nun gebotenen Durchregieren der Wissenschaft »und nur der Wissenschaft«.

Für die Politik war die Auslagerung von Verantwortung an die vermeintlich neutrale Forschung auch deshalb so verlockend, weil sie die getroffenen Maßnahmen – zumindest scheinbar effektiv – vor kritischen Nachfragen abschirmte. Die Folgen aber sind vielschichtiger und weniger gutartig als erhofft. »Die drei vergangenen großen Krisen westlich-demokratischer Gesellschaften haben zwar erhebliche wirtschaftliche und soziale Konsequenzen, wurzeln aber nicht primär im Ökonomischen. Migrations-, Klima- und Coronakrise sind vielmehr vom Ineinandergreifen von Wissenschaft und Moral geprägt«, konstatiert hierzu der Demokratieforscher Wolfgang Merkel. Erstaunlicherweise aber hat diese Verzahnung eben nicht die Rationalisierung der Wissenschaft abgesichert. »Es war umgekehrt: Die Moral moralisierte wissenschaftliche Positionen«, fasst Merkel diesen Prozess zusammen.

Doch gerade in dieser Überhöhung der Wissenschaft steckt ein Wissenschaftsverständnis, das im Kern selbst unwissenschaftlich ist. »Facts are facts«?, fragt denn auch Wolfgang Streeck, einer der kritischsten Köpfe, den die deutsche Soziologie zu bieten hat. »Als Wissenschaftler kann ich da nur fragen: Seit wann denn das? Welche erkenntnistheoretischen Kurse kann jemand besucht haben, der so etwas auf ein Poster schreibt und sich damit auch noch fotografieren lässt?«

Eine Instrumentalisierung der Wissenschaft dürfte langfristig nicht auf die erhoffte Immunisierung der Politik hinauslaufen, die durch vermeintlich objektive Tatsachen geschützt wird, sondern auf eine Erosion des Vertrauensvorschusses, der »der Wissenschaft« im öffentlichen Diskurs eingeräumt wird. Genau damit aber unterscheidet sich die vermeintliche Alternativlosigkeit der technokratischen Pandemiebekämpfung nur wenig von vorhergegangenen Doktrinen des »There is no Alternative«, wie sie einst von Margaret Thatcher propagiert wurden. Egal ob bei neoliberalen Reformen oder bei der COVID-Bekämpfung: Am Ende der Technokratie des vermeintlich rationalen Imperativs steht erfahrungsgemäß nicht eine sakrosankte Politik, sondern eine Öffentlichkeit, die die Technokratie als demokratischen Sündenfall erlebt.

Denn es ist ja nicht so, als habe das Bekenntnis, »der Wissenschaft zu folgen«, einen linearen, in sich konsistenten politischen Kurs nach sich gezogen. Dazu muss man nur einmal das Hin und Her der angeblich so »wissenschaftlich« legitimierten Pandemiekommunikation in den Blick nehmen. Eine Pandemiepolitik, die unter Berufung auf »die Wissenschaft« rigoros (und wie sich seit geraumer Zeit zeigt: sinnlos) die Schulen schließt, zunächst Masken als unsinnig, dann als sinnvoll und schließlich als alternativlos anpreist, die Sport im Freien untersagt, nur um wenig später zur Erkenntnis zu gelangen, dass die Übertragung des Virus fast vollständig in Innenräumen erfolgt, muss sich einige Kritik gefallen lassen. Hier untergräbt der Habitus der Unanfechtbarkeit der »faktenbasierten« Politik Vertrauen in dem Maße, in dem sich die Politik szientistisch als alternativlos ausgibt.

Das Antidot gegen eine solche Entwicklung lautet: Transparente Kommunikation und umfassende Aufarbeitung. Doch wird es zu einer offenen und holistischen Bestandsaufnahme der getroffenen Freiheitseinschränkungen und ihren Auswirkungen auf die Eindämmung der Pandemie kommen? Zweifel sind angebracht angesichts des Interessengegensatzes zwischen Öffentlichkeit und der eher gering ausgeprägten Neigung der verantwortlichen Entscheidungsträger, das eigene Verhalten nachträglich kritisch auf den Prüfstand zu stellen. Der Bundesgesundheitsminister gab schließlich schon im zurückliegenden Jahr vorsorglich die Parole aus: »Wir werden einander wahrscheinlich viel verzeihen müssen.«

Und: Aktuell wird die allumfassende technokratische Eindämmungspolitik nach wie vor eher genauso allumfassend in Schutz genommen. Pfadabhängigkeit und öffentlich erzeugter Handlungsdruck selbst in Anbetracht ineffizienter Instrumente haben eine grundlegende Kursänderung bislang verhindert und dürften auch weiterhin wirkmächtig bleiben. Eines der zentralen Stichworte dabei lautet: »Präventionsparadox«. Der Begriff bezeichnet das Phänomen, dass politische Entscheidungen, die zur Lösung anstehender Probleme getroffen werden, im Falle ihrer Wirksamkeit zusammen mit der zugrundeliegenden Herausforderung auch die Voraussetzungen dieser

Entscheidungen beseitigen. In eine Schlagzeile übersetzt: »Die virale Apokalypse bleibt aus, weil wir gehandelt haben.« Regierungsberatende Virologen in Deutschland, aber auch in den USA, in Kanada und in Australien halten dieses Argument bislang erfolgreich jeder aufkommenden Kritik an den Lockdowns entgegen. Das Argument jedoch, dass gerade das Ausbleiben der Katastrophe den Erfolg der getroffenen Maßnahmen rechtfertigt, ist nicht schlüssig (und auch unredlich), weil es weder logisch zu beweisen noch zu widerlegen ist.

Zwischen Maßnahmen und rückläufigen Ansteckungszahlen wird in der Argumentation eine Kausalität unterstellt, ohne dass eine Überprüfung der Wirksamkeit von Einzelmaßnahmen erfolgt wäre. Nicht nur in der philosophischen Logik aber gilt: Nur weil B auf A folgt, muss A nicht auch die Ursache von B sein. Hier wird Korrelation systematisch mit Kausalität verwechselt. Wer Kausalität absolut setzt, begeht einen logischen Fehler.

Das aber wiegt umso schwerer, als dass gerade im Fall von Grundrechtseinschränkungen nicht die Abschaffung, sondern die Aufrechterhaltung des Notstands einer umfassenden Begründungpflicht unterliegt. Ansonsten ließe sich in dieser Sichtweise noch jede staatliche Überreaktion als Erfolg verbuchen. Deshalb sticht hier eher der Umkehrschluss. Nur weil der schlimmste Fall der Pandemie-Eskalation vielerorts erfreulicherweise ausgeblieben ist, heißt das noch lange nicht, dass die getroffenen Maßnahmen zur Viruseindämmung verhältnismäßig waren und sind. *Post hoc ergo propter hoc* (danach, also deswegen) – diesem Fehlschluss mit der Gleichsetzung von Kausalität und Korrelation sollten wir gerade in Zeiten des gesundheitlichen Notstandes und angesichts einer weltweit einmaligen Machtverschiebung in Richtung Exekutive nicht erliegen.

Eine umfassende Bilanzierung wird erst möglich sein, wenn die gesamtgesellschaftlichen Konsequenzen der Maßnahmen wirklich in Gänze abgesehen und erfasst werden können. Aber schon heute häufen sich Hinweise, anekdotische Evidenz und erste Metastudien, die den Kollateralschaden der Lockdown-Politik aufzeigen und ein großes Fragezeichen hinter die Angemessenheit der getroffenen Maßnahmen setzen – und hinter die immer ambitionierteren Ziele der Pandemiepolitik. Was als Notbremse begann, ist längst zu einem umfassenden Sicherheitsfetisch mutiert. Ja: Lockdowns scheinen in einzelnen Ländern die Ausbreitung des Coronavirus zumindest verlangsamt zu haben. Das in der ersten Phase der Pandemie ausgegebene Ziel der »Kurvenabflachung« wurde mit ihnen also durchaus erreicht.

Doch Vergleichsstudien verweisen eben auch darauf, dass weniger invasive Strategien, die stärker auf die Verantwortung des Einzelnen und weniger auf Zwang setzen, zu vergleichbaren Resultaten führen können – mit weit geringeren Kollateralschäden. Das scheint zumindest zum jetzigen Zeitpunkt die Lehre aus den Erfahrungen in einzelnen US-Bundessaaten und in Schweden zu sein. In Zeiten der Pandemie lenkt eine Mehrheit der Bürgerinnen und Bürger ihr Verhalten in entscheidenden Punkten ganz ohne staatlichen Zwang in die richtige Richtung. Eine umfassende Bewertung solcher Strategien, die die Autonomie des Einzelnen nicht als Risiko, sondern als Trumpf sieht, ist entscheidend, um aus der Pandemie die richtigen Lehren für zukünftige Herausforderungen zu ziehen.

Das pandemische Muskelgedächtnis

Die politischen Reaktionen auf Corona sind angesichts der zu erwartenden langfristigen endemischen Herausforderung schlimm genug. Doch sie könnten sich über kurz oder lang auch als Blaupause für die Antwort auf andere Krisen erweisen. Vielerorts finden sich längst Stimmen, die dazu aufrufen die COVID-Politik als Testlauf für umfassendere Maßnahmen etwa in Sachen Klimakrise zu begreifen. In der deutschen Debatte wurden vergleichbare Forderungen von ganz unterschiedlichen Akteuren wie *Fridays for Future* oder dem bayerischen CSU-Ministerpräsidenten Markus Söder laut.

Existiert denn nicht eine ganze Fülle von Herausforderungen, die ähnlich ernst zu nehmen sind? »Es geht um Leben und Überleben, um Leben und Tod, und da müssen halt die Freiheitsrechte einige Zeit kürzertreten«, fasst Heribert Prantl, der langjährige Leiter des Ressorts Innenpolitik bei der *Süddeutschen Zeitung*, diesen Ansatz kritisch zusammen. Aber: »Um Leben und Tod geht es nicht nur bei Corona, sondern auch bei Entscheidungen über Umwelt und Klimaschutz, über Verkehrspolitik, Asyl und Waffenexporte, wo man die Toten oft nicht zählt«. Vor diesem Hintergrund ist zu befürchten, dass die gesellschaftlichen Lehren, die aus der Pandemiereaktion gezogen werden, künftig allzu routiniert auch in anderen Politikfeldern Anwendung finden.

Um das Ausmaß dieser Gefahr richtig einordnen zu können, ist es hilfreich, sich mit dem Konzept des »Overton-Fensters« zu beschäftigen. Der Begriff geht auf den US-amerikanischen Rechtsanwalt Joseph Overton zurück, der sich in den 1990er-Jahren fragte, weshalb einige durchaus plausible Ideen im öffentlichen Diskurs keine Bedeutung erlangen, während andere, weniger überzeugende Vorstellungen den Diskurs bestimmen. Die Erklärung: In der öffentlichen Debatte wird ein bestimmter Raum als akzeptable Meinungsbandbreite definiert: das Overton-Fenster.

Ideen, die politisch erfolgreich vertreten werden wollen, müssen in der Regel innerhalb dieser Bandbreite verortet sein. Vorstellungen, die gegen diese Verortung verstoßen, werden hingegen als illusorisch, irrational oder zu extrem zurückgewiesen. Auch der politische Umgang mit diesem Phänomen ist letztlich naheliegend. Denn das Overton-Fenster kann verschoben werden, indem besonders extreme Positionen eingenommen werden, die zwar selbst keinen umfassenden Beifall erhalten, aber dennoch das Fenster des Sagbaren verschieben. Nicht zuletzt Anti-Mainstream-Politiker haben diese Methode immer weiter perfektioniert. Und der Ehrlichkeit halber sei zugegeben, dass natürlich auch dieser Essay letztlich einen solchen Versuch der Einflussnahme darstellt.

In Anbetracht dieser Mechanismen aber erscheinen die getroffenen Maßnahmen der Pandemiebekämpfung in westlichen Demokratien als geradezu tektonische Verschiebung des Overton-Fensters in eine antifreiheitliche Richtung. Das gesellschaftliche Muskelgedächtnis verinnerlicht äußerst fragwürdige Lehren. Das aber ist gerade angesichts ähnlicher Entwicklungen in der Vergangenheit besorgniserregend.

Gewöhnung und bürokratische Risikoaversion tendieren stets dazu, einmal verhängte Einschränkungen im Dienste der Sicherheit beizubehalten. »Temporäre Maßnahmen«, mahnt etwa der israelische Historiker Yuval Noah Harari, »haben die unangenehme Eigenschaft, Notsituationen zu überdauern.« Harari verweist etwa darauf, dass ein 1948 in Israel verhängter Ausnahmezustand faktisch noch heute Gültigkeit hat. Auch in Deutschland finden sich Belege für die Permanenz von ursprünglich nur für beschränkte Zeit ausgelegten Maßnahmen. Die Sicherheitsgesetze der 1970er-Jahre, die seinerzeit im Kampf gegen die Rote Armee Fraktion (RAF) eingeführt wurden, existieren noch heute. Sie wurden selbst nach dem Zusammenbruch der RAF nicht nur stillschweigend beibehalten, sondern sogar noch verschärft.

Das Gleiche gilt für den »Krieg gegen den Terror« nach den Angriffen auf das *World Trade Center* und das Pentagon. Als Reaktion auf die Anschläge wurden in vielen Ländern Gesetze ähnlich dem US-amerikanischen »Patriot Act« erlassen. Und besonders bedenklich: Auch heute noch, 20 Jahre nach dem Anschlag, haben diese Antiterrorvorschriften in einem Großteil der G20-Staaten ihre Gültigkeit behalten, wie eine aktuelle Untersuchung der Friedrich-Ebert-Stiftung belegt. Durch die Bank weg sind hier nach wie vor Regelungen in Kraft, die ursprünglich nur als temporäre Einschränkungen einer bedrohlichen Sicherheitslage eingeführt worden waren. Auch hier lässt in der öffentlichen Debatte das Präventionsparadox grüßen. Wer wollte die Freiheit verteidigen und dabei den Terroristen ihr Geschäft erleichtern?

Die Beispiele zeigen: Die Krise geht, die Entscheidungen bleiben – solange das auch nur kleinste Risiko besteht. Ist nicht eine ähnliche Entwicklung in Bezug auf das Virus absehbar – zumal dessen zerstörerisches Potenzial viel größer ist als das (fast) jedes Terroranschlags? Heribert Prantl ist vor dem Hintergrund dieser Erfahrungen alarmiert: »Was bei den bisherigen Sicherheitsgesetzen der Terrorismus war, ist bei den Gesundheitssicherungsgesetzen das Virus«, warnt er in seinem Zwischenruf *Not und Gebot*. »Das Argument ›Schutz der Gesundheit‹ ist freilich viel eingängiger und viel bestechender, als das Argument ›Schutz vor dem Terror‹ es je war.« Wenn aber die »allgemeine Angst vor dem Virus« eine sorgfältige Prüfung der Grundrechtseingriffe ersetzt, »dann hätte das Virus den Rechtsstaat befallen«.

In der Tat. Der Grundsatz »Sicher ist sicher« ist eine denkbar ungeeignete Richtschnur zur Verteidigung der freiheitlich demokratischen Grundordnung. Wer wird den Kampf gegen die pauschalen, oft willkürlichen und blindwütigen Maßnahmen der bürokratischen und technokratischen Pandemiebekämpfung aufnehmen? Wer das Dickicht der oft sinnlosen und byzantinistisch anmutenden Vorschriften etwa beim Reisen lichten, die in dem Maße eifrig ausgeweitet werden, in dem die Wucht der Pandemie abnimmt – und die nicht einmal die WHO empfiehlt? Wer wird den Wert der Freiheit gegen die *abundance of caution* ins Feld führen, die etwa in der englischsprachigen Welt dazu dient, noch die absurdesten Blüten der Viruseindämmung als medizinisch notwendig zu legitimieren, und sicherstellen, dass überzogene Reaktionen eben nicht zum neuen Goldstandard künftiger Krisenantworten werden? Wer wird »nein« sagen, wenn Gesellschaften, die bis vor Kurzem noch das Vorzeigen von Reisepässen an Landesgrenzen für anachronistisch hielten, nun das dauerhafte Präsentieren von Impfbescheinigungen bei Alltagsbesorgung für gottgegeben halten? Impfungen sind sinnvoll. Doch das gilt nicht für allumfassende bürokratische Impfkontrollregimes.

Es ist ein Allgemeinplatz, aber deshalb noch lange nicht falsch: Freiheit und Sicherheit stehen immer in einem Spannungsverhältnis. Die Sicherheit hat ihre Fürsprecher – und zwar zu Recht. Doch offenkundig ist auch, dass Sicherheit niemals absolut gesetzt werden kann. »Wer die Freiheit aufgibt, um Sicherheit zu gewinnen, der wird am Ende beides verlieren«, lautet das vielzitierte Bonmot Benjamin Franklins.

Aus gutem Grund umfasst unser Grundgesetz kein Grundrecht auf Sicherheit, sondern es beauftragt den Staat mit der Bereitstellung von Sicherheit als gesellschaftlichem Gut, nicht als individuellem Rechtsanspruch. Davon abgeleitet ist es erforderlich, in Bezug auf die Coronapandemie wie auch auf andere Gefahren zu einer umfassenden, nicht-partikularen Risikoabwägung zu gelangen, die den Einzelnen nicht als Untertan eines totalen Gesundheitsregimes, sondern als autonom entscheidenden verantwortlichen Akteur begreift.

Das ist umso dringlicher, als dass das im Zuge der Pandemie entwickelte gesellschaftliche Sensorium mittlerweile so fein auf die Wahrnehmung pandemischer Ereignisse kalibriert worden ist, dass unklar bleibt, wie eine freiheitliche Normalität in Zeiten des »Ewigen Virus« (*Foreign Affairs*) auch nur gedacht werden kann. Risiken werden sich nie durch politische Maßnahmen komplett aus dem Leben eliminieren lassen. Vielmehr geht es um ein Aushandeln von akzeptablen Risikoniveaus – sowohl im Umgang mit COVID-19 als auch im Hinblick auf Straßenverkehr, Umweltbelastungen oder individuelles Konsumverhalten.

Yuval Harari weist auf das merkwürdige Paradox hin, dass ein Zuviel an Informationen ab einem gewissen Kipppunkt zu einer Belastung werden kann. So katapultiere das Monitoring der individuellen Gesundheit durch *Big Data* und Algorithmen zwar einerseits die medizinischen Prognosefähigkeiten in völlig neue Höhen. Doch zugleich ist damit dem Gesundheitsempfinden der Betroffenen kaum gedient. Kleinere Infekte, die bisher unbemerkt überwunden wurden, eskalieren dann künftig durch das bewusste Erfassen zu medizinischen Syndromen mit ganz realen psychischen Auswirkungen. »Die Menschen werden die beste Gesundheitsversorgung in der Geschichte der Menschheit genießen«, prognostiziert Harari, »doch genau aus dem Grund werden sie wahrscheinlich fortwährend krank sein.«

Einen ähnlichen Prozess erleben wir schon heute in Bezug auf unseren Umgang mit der Pandemie. Aus naheliegenden Gründen fokussierte sich das Interesse der Öffentlichkeit fast obsessiv auf Inzidenzwerte, die Auslastung intensivmedizinischer Kapazitäten und Ansteckungsraten. Dabei aber geraten nicht nur andere gesellschaftliche Risiken mit zum Teil gravierenderen negativen Auswirkungen aus dem Blick, sondern auch die Möglichkeit, eine Perspektive für ein Leben mit COVID-19 zu entwickeln und den Umgang mit einem endemischen Virus damit den ansonsten üblichen Risikoabwägungen anzupassen.

Die Sache der Freiheit in dieser Debatte nicht zu übersehen, und zwar eben nicht als Fortsetzung des Sicherheitsversprechens mit anderem Vorzeichen, sondern als rechtlich garantierte Freiheit von Bevormundung, Überwachung, Kontrolle und Zwang: Das muss in den kommenden Monaten die primäre Aufgabe aller Demokraten und insbesondere der fortschrittlichen Kräfte sein, wenn ihnen an einem aussagekräftigen Freiheitsbegriff und einem wirklich selbstbestimmten Leben noch gelegen ist.

Kapitel 3
Freiheit und die Fesseln der Identität

Jeder Mensch hat eine Identität – mindestens. Da scheint es doch naheliegend, diese auch politisch zu berücksichtigen. Was also sollte problematisch sein an der aktuell so hitzig diskutierten Identitätspolitik? Die kurze Antwort lautet: nichts. Die ausführliche: eine ganze Menge.

Nichts daran ist verwerflich, dass sich Menschen ihrer Identitäten versichern und damit verknüpfte Ungleichbehandlungen in den Mittelpunkt ihrer politischen Forderungen stellen. Im Gegenteil: Das ist legitim und stärkt Freiheit und Demokratie. Ein Hemmnis ist es aber, wenn sich Versionen einer partikularistischen Identitätspolitik durchsetzen, die sich von den politischen Idealen des Universalismus und der Gleichheit verabschieden und damit Spaltung, Polarisierung und gruppenbezogene Vorrechte befördern. Identitätspolitische Ansätze von rechts und links mögen die Freiheit regelmäßig im Munde führen. Doch sobald sie sich vom Universalismus und einem emanzipativen Individualismus abwenden, befördern sie ihr exaktes Gegenteil: eine totalitäre, essenzialistische Ideologie, die mit demokratischen Prinzipien inkompatibel ist – selbst wenn dies aus vermeintlich guten Gründen geschieht. Denn ohne Gleichheit dienen Rechte nicht der freiheitlichen Entfaltung, sondern sind lediglich Vorrechte, die anhand angeborener Gruppen-Charakteristika verliehen oder entzogen werden. Eine solche Politik aber untergräbt die Würde des Individuums, die nicht zuletzt unser Grundgesetz in Artikel 1 beschwört.

Welche Gefahren von entscheidenden Aspekten der aktuellen identitätspolitischen Welle ausgehen, wurde in den vergangenen Wochen und Monaten auch in Deutschland zunehmend kritisch diskutiert. Gegenstand der folgenden Überlegungen ist vor diesem Hintergrund die dezidiert freiheitspolitische Dimension partikularistischer Identitätspolitik.

Dabei sei durchaus zugestanden, dass sich eine solche kritische Debatte gerade für progressive Kräfte schwierig gestaltet. Denn die Missstände, die den verschiedenen Ausdrucksformen linker Identitätspolitik zugrunde liegen, sind schließlich in vielen Fällen so real wie beschämend. Wer würde die Wirklichkeit von Diskriminierung und Ungleichbehandlung allen Ernstes in Abrede stellen? Deshalb ist auch der häufig überzogen erscheinende Aktivismus der woken *Social Justice Warriors* in vielen Punkten nur zu verständlich. Die Betroffenheit von Personen, die Diskriminierungen ausgesetzt sind, ist legitim. Sie ist nicht Teil des Problems, sondern Teil der Lösung.

Verkompliziert wird eine offene Debatte über die Konsequenzen identitätspolitischer Trends dabei zusätzlich, weil der Begriff »Identitätspolitik« selbst so sperrig ist. Milieuübergreifende Einigkeit besteht derzeit nicht einmal darüber, in welchem Ausmaß Identitätspolitik ein neues Phänomen darstellt und die damit zusammenhängenden Kulturkämpfe überhaupt existieren. Manch eine progressive Stimme hält mittlerweile die gesamte Debatte lediglich für eine Nebelkerze in einem Instrumentalisierungsprozess, der von den Rechten ausgeht.

Ultimativ erschwert wird eine konstruktive Diskussion dabei schließlich auch durch die außerordentlich leidenschaftliche Aufladung des Diskussionsgegenstands. Die Emotionalisierung der Debatte führt allzu häufig dazu, dass selbst nur graduelle Meinungsunterschiede zu ziemlichen Petitessen mit dem Furor einer apokalyptischen Entscheidungsschlacht ausgetragen werden. *Black Lives Matter*, die Debatte um Wolfgang Thierses Gastbeitrag zum Thema in der *Frankfurter Allgemeinen Zeitung*, die Auseinandersetzungen um Gendersprache und Sahra Wagenknechts Abrechnung mit »Lifestyle-Linken« – eine Rückschau auf die Auseinandersetzungen um das Thema Identitätspolitik in den zurückliegenden Monaten gleicht dem Blick in einen Hexenkessel allzu häufig reichlich selbstgerechter Emotionen.

Wenn die Freiheit als Grundwert eine Zukunft haben soll, müssen gesellschaftliche Antworten auf die Herausforderung der Identitätspolitik formuliert werden, die angesichts der Schwierigkeiten der Debatte über pauschale Diffamierungen und Bagatellisierungen hinausgehen. Damit dies gelingt, ist es entscheidend, zwischen dem legitimen Kampf um Emanzipation und Gleichstellung einerseits und antifreiheitlichen und letztlich totalitären Tendenzen andererseits zu differenzieren, die von Teilen der Linken so intensiv betrieben, wie sie von anderen Teilen der Linken beharrlich ausgeblendet werden.

Wo die Enden sich berühren

Bis vor Kurzem war die grundsätzliche Unterscheidung zwischen universalistischen, aufklärerischen und emanzipativen identitätspolitischen Ansätzen auf der einen Seite und ausschließenden, partikularistischen Ansätzen auf der anderen Seite noch relativ eindeutig. Während sich progressive Kräfte zumindest in der Theorie stets den Idealen des Universalismus verpflichtet fühlten, setzte partikularistische Identitätspolitik auf das ausschließende Dogma einer ethnisch abgeleiteten, fest umrissenen und weitgehend unveränderlichen nationalen oder homogenen kulturellen Zugehörigkeit.

Konzeptionell lassen sich diese verschiedenen Ansätze dabei mit den US-Politikwissenschaftlern Jonathan Haidt und Greg Lukianoff als Unterschiede zwischen »common humanity identity politics« und »common enemy identity politics« verstehen. Der zuerst genannte Ansatz versucht, gesellschaftliche Gleichberechtigung durch den Appell an allgemeine Prinzipien des Universalismus anzustreben – und zwar durchaus bewusst. Schließlich wurden mit diesem Instrumentarium die erfolgreichen emanzipatorischen Kämpfe der Vergangenheit bestritten. Gleiche und volle Rechte für Arbeiter, Frauen, Schwarze, Homosexuelle! Der Ansatz ist politisch so effektiv, weil er an allgemeine Ideen der Reziprozität anknüpft und gemeinsames Handeln durch die Vision einer gemeinsamen Zukunft befördert, wie sie insbesondere durch Stimmen wie Martin Luther King beschworen wurde. Im

Gegensatz dazu beruht der zweite von Haidt und Lukianoff identifizierte Ansatz maßgeblich auf der Konstruktion eines gemeinsamen Feindbildes und schließt eine Verständigung zwischen unterschiedlichen Positionen aus.

Der Politikwissenschaftler und sozialdemokratische Vordenker Thomas Meyer spricht hier im deutschen Kontext von »exklusiven« und »inklusiven« Ansätzen. Schließlich macht es einen Unterschied, »ob Identitätspolitik auf den sozialen Vorrang der eigenen Gruppenidentität zielt oder auf die Gleichstellung bislang benachteiligter Kollektive«. Meyer meint diese beiden Kategorien relativ nahtlos auf linke und rechte Ansätze der Identitätspolitik verteilen zu können: Rechts die exklusiven Ansätze der Ungleichheit, links die inklusiven Ideen der universalistischen Gleichbehandlung. Historisch ist dies nicht von der Hand zu weisen und trifft auch heute noch vielerorts zu.

Doch die Brisanz der aktuellen Entwicklung liegt eben darin, dass diese klassische Rollenaufteilung zwischen Links und Rechts zunehmend aufgekündigt wird – und zwar von Teilen einer aktivistischen Linken. Progressive Stimmen aber, die nicht mehr universalistisch, sondern identitär-partikularistisch argumentieren, untergraben die Basis eines jeden fortschrittlichen Freiheitsbegriffs ebenso wie die tradierten Philosophien der Ungleichheit von rechts. Doch während die Tücken rechtsidentitärer Ideologien in aller Munde sind, werden die identitätspolitischen Ansätze des *Wokeism*, erst in letzter Zeit etwas kritischer unter die Lupe genommen – und auch hier nur reichlich selektiv. In weiten Teilen des progressiven Milieus werden sie weiterhin wohlwollend und vor allem als zukunftsweisend interpretiert.

Am ehesten sind diese identitätspolitischen Ansichten vermeintlich progressiver Kräfte als Ideologie zu beschreiben, die, ausgehend von einer Vulgärinterpretation des französischen Poststrukturalismus, insbesondere der Werke von Michel Foucault und Jacques Derrida, die soziale Wirklichkeit lediglich als Konstrukt in einem System von Machtstrukturen begreift. Alles, selbst Sexualität und Körper, sei durch Sprache und Macht konstruiert. In dieser Perspektive wird auch Wissen als Prinzip radikal infrage gestellt. Das Ideal der Wahrheit sei lediglich ein kulturelles Produkt. Letztlich entschieden Machtstrukturen darüber, was gedacht, gewusst und kritisiert werden darf und kann. Alles ist relativ, lediglich die Dekonstruktion selbst – darauf verweist Bernd Stegemann – ist absolut.

In dieser Perspektive kann und muss der Prozess der Dekonstruktion auf jeder erdenklichen gesellschaftlichen Ebene erfolgen. Allerorts müssen Machtstrukturen entlarvt, Privilegien *gecheckt*, unterdrückte Stimmen *empowered* und Wahrnehmungen oder Traditionen entkolonialisiert werden. Die Umsetzung dieser Ideologie lässt sich aktuell fast täglich in der Medienberichterstattung bestaunen und zieht sich von der Klage über »strukturellen Rassismus in der Mathematik« bis zur Streichung des Begriffs »Schwarzfahrer« wegen angeblich rassistischen Beiklangs aus Broschüren etwa der kommunalen Verkehrsbetriebe von München und Berlin.

In Zeiten, in denen »kulturelle Aneignung« als Übergriff bewertet wird, bleibt schon die Beteiligung an Debatten exklusiv den augenscheinlich persönlich Betroffenen vorbehalten. Mit »Ich als ...« beginnen die durch die Autorität der »eigenen Wahrheit« beziehungsweise durch die eigene Betroffenheit legitimierten Debattenbeiträge heute nur allzu oft. In diesem essenzialistischen Rigorismus aber unterscheidet sich die partikularistische Identitätspolitik nur wenig von Spielarten einer vulgärmarxistischen Dogmatik, der zufolge allein die Klassenzugehörigkeit über den Wahrheitsgehalt einer Aussage entscheidet. An die Stelle des Klassenverdachts, wonach der Bourgeois stets nur eine bourgeoise Perspektive einnehmen kann, tritt hier die Unterstellung einer identitären Zugehörigkeit, die niemals abgelegt oder überwunden, sondern nur beklagt, bewusst gemacht und bereut werden kann.

Dieser ursprünglich vor allem von US-amerikanischen und britischen Hochschulen ausgehende Aktivismus manifestiert sich heute in gestürzten Statuen, umbenannten Straßen, abgelegten Haarfrisuren und Kochrezepten, die nur von bestimmten Gruppen zubereitet werden dürfen. Gerade die obsessive Beschäftigung mit Kategorien von *Race* haben »Rassismus« in der partikularistischen Identitätspolitik mittlerweile – ausgehend von den USA – zu einer Begründung aufgeblasen, die für fast jedes gesellschaftliche Problem als Erklärungsansatz bemüht wird. (Anti)-Rassismus gerät hierbei zu einer so verlockenden wie langfristig toxischen Weltformel.

In der Folge müssen sich selbst Grundschulkinder für »racial privileges« entschuldigen, Newtons Lehrsätze als strukturell ausbeuterisch begreifen und Lehreranweisungen als Fortsetzung kolonialistischer Ausbeutungsstrukturen verstehen.

Ähnlich abstrus war in Deutschland – aber nicht nur hier – die Posse um die Übertragung des Gedichts »The Hill We Climb« von Amanda Gorman, das die afroamerikanische Autorin anlässlich der Amtseinführung Joe Bidens am 20. Januar 2021 in Washington D.C. rezitiert hatte. Mit der Übersetzung des 723 Wörter – also nur wenige Seiten – umfassenden Gedichts wurden gleich drei Frauen beauftragt: eine professionelle Übersetzerin (unter anderem von Werken von Chinua Achebe, Emily Dickinson, Aldous Huxley), die allerdings die falsche Hautfarbe hatte, sowie zwei Journalistinnen und Politologinnen mit Migrationshintergrund, die noch nie als Übersetzerinnen tätig waren und deren Aufgabe es war, mit ihrem »Verständnis von Mehrfachdiskriminierungen« (Hadija Haruna-Oelker) die Arbeit der eigentlichen Übersetzerin zu überwachen und die Poesie des Originals in politisch korrektes, intersektionales Politologinnen-Deutsch zu transferieren – ein bis dahin im deutschen Literaturbetrieb einzigartiger Vorgang. Doch in einer Welt, in der »schwarze« Dichtung nur von »Schwarzen« bearbeitet werden kann, ist der Sprung nicht weit zur abstrusen Forderung, »weiße« Werke künftig nur von »Weißen« bearbeiten – oder womöglich auch lesen? – zu lassen.

In eine ähnliche Richtung zielen aktuelle Forderungen von Teilen des Düsseldorfer Schauspielhaus-Ensembles, die in einem offenen Brief und einer Petition die »Kontinuität und Strukturiertheit von Rassismus an deutschen Theatern und Schauspielhäusern« beklagen und sich »weißen Theatermacher:innen gegenüber strukturell benachteiligt« sehen. »Zur reibungslosen Fortsetzung« ihrer Arbeit fordern die Unterzeichner in ihrer mittlerweile von rund 25.000 Personen unterschriebenen Petition eine »vom Schauspielhaus unabhängige, selbstorganisierte Freie Bühne als aktive Möglichkeit, uns dem institutionellen Rassismus zu entziehen.« Hier sollen nicht – sicherlich bedrückende und skandalöse – Rassismuserfahrungen in Abrede gestellt werden, aber doch die Qualität der vorgeschlagenen Antwort. Ein Schauspielhaus nur für »People of Color«? Schon der Versuch, diese Kategorie klar zu definieren, dürfte in die dunkelsten Abgründe auch der deutschen Geschichte führen.

Nach Identitätsmarkern getrennt stattfindende (zusätzliche) Abschlussfeiern etwa an der amerikanischen Columbia University oder der Wunsch einzelner Studierender in den USA nach ethnisch segregierten Wohnheimen, aber auch der aktuell ernsthaft betriebene Versuch, im US-Bundesstaat Georgia eine Stadt »für Schwarze« zu gründen, machen noch keinen Apartheidstaat. Doch sie lassen sich konzeptionell kaum von rassistischen Ungleichheitsdogmen unterscheiden. Die Enden – so scheint es – berühren sich.

So plädiert etwa der »antirassistische« US-Bestsellerautor Ibram X. Kendi für die Abschaffung standardisierter Tests an US-Schulen, weil »sich der Intellekt eines schwarzen Kindes von dem eines weißen Kindes unterscheiden könnte«. Auch mit dem wissenschaftlich fragwürdigen Begriff »*Race*« hat Kendi kein Problem, weswegen er sich, berücksichtigt man die deutsche Diskussion um die Entfernung des Begriffs »Rasse« aus dem Grundgesetz, in merkwürdiger Übereinstimmung etwa mit der AfD befindet. Das wird aber unter dem Claim »Antirassismus« nicht kritisiert, sondern mündet im Gegenteil in allseitige Zustimmung. Das *Time*-Magazin ehrte Kendi 2020 als eine der 100 einflussreichsten Personen des Jahres und lobte »seinen historischen Einblick und sein tiefes Verständnis des anhaltenden Kampfes für soziale Gerechtigkeit und Bürgerrechte«.

Auch die US-Bestsellerautorin Robin DiAngelo vertritt in ihrem internationalen Erfolg *White Fragility* die These eines »weißen Referenzrahmens und einer weißen Weltsicht«, die grundsätzlich mit »schwarzen« Erfahrungen inkompatibel sei. Damit aber widerspricht sie nicht nur jeder wissenschaftlichen Erkenntnis, sondern zugleich zweihundert Jahren Tradition der schwarzen Befreiungsbewegung. Nicht zuletzt Frederick Douglass, der selbst in der Versklavung geborene Vater der Bürgerrechtsbewegung des 19. Jahrhunderts, betonte im Motto der von ihm herausgegebenen abolitionistischen Zeitung *North Star* schließlich in jeder Ausgabe, dass »Wahrheit keine Farbe hat«.

In diese Richtung tendiert auch ein mittlerweile gelöschtes Webportal über »Weiße Kultur in den Vereinigten Staaten« des *National Museum for African American History and Culture*. Das erläuterte im Sommer 2020, dass »harte Arbeit«, die Idee einer »Kernfamilie aus Vater und Mutter« sowie »objektives, rational lineares Denken« Aspekte »weißer Kultur« ausmachen, die im Laufe der Zeit »normalisiert wurden« und »in einigen Aspekten« von *People of Color* übernommen worden seien.

Auch hier gilt: Es dürfte nicht schwerfallen, weiße Rassisten zu identifizieren, die sich einer solchen Analyse vorbehaltlos anschließen. Denn was ist eine solche Haltung denn sehr viel anderes als eine Version des Ethnopluralismus, wie er mit seiner relativierenden Absage an universalistische Werte insbesondere von Europas Rechtsradikalen beschworen wird? »In ihrer extremsten Form schlägt die Skepsis am eurozentristischen Universalismus in einen partikularistischen Kulturrelativismus um, der Respekt vor den Kulturen wird dann über die universellen Menschenrechte gestellt«, beschreibt mein Kollege Marc Saxer dieses »Paradigma der Differenz«.

Problematisch erscheint dabei auch, dass diese Weltsicht mit einem unauflösbaren Dilemma verbunden ist. Das gerechtfertigte Einfordern von Verständnis für Minderheiten wird kombiniert mit einem gleichzeitigen Leugnen der Möglichkeit, dieses Verständnis jemals tatsächlich erlangen zu können – und zwar allein aufgrund äußerlicher Merkmale wie Geschlecht, Hautfarbe oder Alter. Eine solche Weltsicht untergräbt Solidarität und Gemeinsinn und betont Unterschiede auf Kosten des Prinzips der Gleichheit. Sie basiert, so formuliert es der jamaikanisch-amerikanische Philosoph Jason D. Hill, »auf der essenzialistischen Idee, wonach wir eine bestimmte ethnische und kulturelle Identität besitzen, Teil einer monolithischen Gruppe sind und eine Identität mit uns herumtragen, die sich ohne Abstriche auf unsere Herkunft zurückführen lässt«. Menschen werden in Korsette von Identitäten gepresst, die mit Emanzipation, Autonomie und freier Entscheidung nichts mehr zu tun haben.

Ausgehend von den Universitäten – wo *Critical Race Theory* allein in den USA an rund zweihundert Hochschulen gelehrt wird – haben sich solche dogmatischen Glaubenssätze längst auch in die Arbeitswelt hinein ausgebreitet. Wer würde es heute noch wagen, im Rahmen einer beruflich veranlassten »Diversitätsschulung« zum Thema *Critical Whiteness*, wie sie heute vielfach von der Diversitätsindustrie angeboten wird, noch auf das Ideal einer farbenblinden Gesellschaft zu verweisen, in der eben nicht die Hautfarbe, sondern Charakter, Leistungswillen und Eignung entscheidend sind? Eine ähnliche Entwicklung lässt sich in Nordamerika auch an den Schulen beobachten, wo Aktivisten und manche politisierten Schulaufsichtsbehörden darauf drängen, die *Critical Race Theory* in den Lehrplänen zu verankern – und damit bei Eltern auf immer lautere Kritik stoßen.

Die angeführten Beispiele machen deutlich: Die partikularistische Identitätspolitik ist kein legitimer Nachfolger, sondern das Gegenteil historischer Emanzipationsbestrebungen gerade progressiver Kräfte. Der Fokus auf Anerkennung immer kleinteiligerer Gruppenidentitäten, die anhand ethnischer, sexueller oder kultureller Aspekte konstruiert werden, zielt nicht auf Gemeinsinn, sondern auf Subjektivität und privilegierte Segregation.

Statt um universalistische Forderungen nach uneingeschränktem Zugang zu Bildung, Gesundheit, Wohlstand und Teilhabe geht es um Sonderrechte. Die Folge ist ein Nullsummen-Konkurrenzkampf um die lukrativsten Posten in der gesellschaftlichen Opferhierarchie. Am Ende dieser Tribalisierung stehen nicht Emanzipation und Selbstermächtigung, sondern es bleiben nur noch die Verlockungen eines so verbitterten wie lähmenden Ressentiments.

Das aber ist inkompatibel mit dem Anspruch, mit dem demokratische Aktivisten, aber auch die frühen Protagonisten der europäischen Arbeiterbewegung für die Rechte benachteiligter Gesellschaftsschichten gestritten haben. Karl Marx, Friedrich Engels und dem *Allgemeinen Deutschen Arbeiterverein* ging es zwar durchaus auch um »Respekt«, wie heutige Apologeten der partikularistischen Exzesse gern betonen. Doch ihr Kampf für die Arbeiterklasse beruhte nicht auf einer Identität, die mit angeborenen Eigenschaften wie Hautfarbe oder Ethnie verbunden war. Marx und Engels definierten Klassenzugehörigkeit ökonomisch und damit offen und universell. Ihr Ziel war eben nicht die Festschreibung, sondern die Befreiung, nicht die Anerkennung und ewige Betonung bestehender Unterschiede, sondern deren Überwindung. Das aber ist das exakte Gegenteil der aktuellen partikularistischen identitätspolitischen Dogmatik von links.

Wunschdenken als Reaktion

Angesichts dieser Bedrohung freiheitlicher Ideale verwundert das dröhnende Schweigen progressiver Kräfte zu den Auswüchsen der partikularistischen identitätspolitischen Debatten im eigenen Lager. Zu Recht artikulieren progressive Stimmen ihre Kritik an antidemokratischen und antifreiheitlichen Tendenzen von rechts, wo immer sie dieser gewahr werden. Bezogen auf den partikularistischen Sündenfall von Teilen des eigenen Milieus jedoch dominiert bislang eine Mischung aus Beschönigung, Abwiegelung und Wunschdenken. Dabei wird unterstellt, dass es entweder gar keine Fehlentwicklungen gibt und diese nur in der Fantasie des rechten Lagers existieren oder aber dass diese die logische Fortsetzung traditioneller progressiver Politikansätze darstellen.

Es ist ja durchaus richtig, dass Berichte über identitätspolitische Fragwürdigkeiten vom rechten Spektrum nur zu begierig aufgesogen werden. Aktuelle Untersuchungen etwa in den USA belegen, wie das Thema *Critical Race Theory* ausgerechnet vom rechtsextremen Sender *Fox News* tagein, tagaus bespielt wird. Die Rechte mag Identitätspolitik verabscheuen (und sie unter eigenem Vorzeichen zugleich immer wieder selbst praktizieren), doch sie liebt partikularistische identitätspolitische Debatten. Schon der ehemalige Trump-Berater Steve

Bannon gab zu Protokoll: »Wenn die Linke sich auf die Themen Rasse und Identität konzentriert, können wir sie zermalmen.«

Solche Stimmen aber führen manch einen progressiven Beobachter nun zu der Annahme, partikularistische Identitätspolitik sei eher eine Unterstellung aus dem rechten Lager als ein reales linkes Problem. »Es gibt eine Obsession mit der linken Identitätspolitik, aber es ist zunächst einmal keine linke Obsession«, erklärt etwa der Wiener Journalist und Autor Robert Misik. Linke Identitätspolitik spiele »in den rechten Diskursen eine viel bedeutendere Rolle als in den linken Debatten«. Schließlich gebe es keine einzige progressive Denkschule, die sich selbst »als Anhänger der Identitätspolitik definiere«.

Zumindest Letzteres ist korrekt – im Gegensatz zur »identitären Bewegung«, auf die sich das rechtsextreme Lager ganz bewusst bezieht. Aber ist das aussagekräftig genug? Um einen drastischen Vergleich zu wählen: Auch terroristische Untergrundorganisationen bezeichnen sich nicht als »terroristisch«, ohne dass davon abzuleiten wäre, das Phänomen Terrorismus sei nur ein Hirngespinst.

Ein zweites Reaktionsmuster progressiver Kräfte besteht aus einer wenig überzeugenden Historisierung. Haben nicht auch Arbeiter eine Identität? Und bemühte sich nicht die Arbeiterbewegung stets, den Angehörigen dieser Gruppen zu mehr Ansehen und Respekt zu verhelfen? Ist nicht ergo die gesamte Geschichte der linken Emanzipation so gesehen ein einziger identitätspolitischer Erweckungsversuch? Linke Politik sei auch im 19. Jahrhundert schon Identitätspolitik gewesen, nur eben im Namen der arbeitenden Klasse, argumentieren etwa Robert Mueller-Stahl und Robert Pausch durchaus konsequent in der *ZEIT*. Wer diese »elementare Hinwendung zu Identitätsfragen« übersehe, leide unter Geschichtsvergessenheit.

Dass diese Argumentationsweise gerade in Teilen der Linken verfängt, ist wenig erstaunlich. Schließlich ermöglicht sie eine nahtlose Fortsetzung der bisher praktizierten Strategie, heiklen Auseinandersetzungen im eigenen Lager aus dem Weg zu gehen. Und gerade renommierte Stimmen reagieren in dieser Hinsicht zunehmend dünnhäutig, wenn die Wirklichkeit nicht den eigenen Wunschvorstellungen entspricht. Kritik an politischer Korrektheit, *Cancel Culture* und *Wokeness* müsse endlich aufhören, fordert etwa Jan-Werner Müller in der *Neuen Zürcher Zeitung*. »Was ist mit einem Liberalismus los, der meint, in Zeiten, da in China, Indien und Brasilien Autoritäre stetig ihre Macht ausbauen, vor allem auf eine vermeintlich radikale linke Minderheit eindreschen zu müssen?«.

Natürlich ist der Hinweis auf antifreiheitliche Tendenzen weltweit nur zu gerechtfertigt. Aber lautet nicht eine mindestens ebenso drängende Frage: Was ist eigentlich mit einem Liberalismus los, der auf Kritik nicht mit Selbstreflexion reagiert, sondern nur mit wütendem Fingerzeig auf andere? Gibt es mit »Whataboutism« auf *Planet Woke* nicht mittlerweile sogar einen eigenen Begriff für den Versuch, unbequeme Diskussionen auf andere Themenfelder zu lenken? In der Summe gerinnen die hier skizzierten Reaktionsmuster zu einer wenig überzeugenden Verteidigung der Illusion, aktuelle Impulse partikularistischer Identitätspolitik seien lediglich eine neue Spielart traditioneller linker Politik.

Die Durchsetzung identitätspolitischer Orthodoxie mag im Selbstverständnis vieler Akteure auch heute der Emanzipation des Individuums dienen. Schließlich verstehen sich Bewegungen wie *Black Lives Matter* in den USA dezidiert *auch* als Befreiungsbewegungen. Und auch die jetzt häufig so erbittert geführte Diskussion um Genderfragen wird von der Ikone der kritischen Genderforschung, Judith Butler, explizit als Aspekt der Befreiung verstanden. »Die Genderidee eröffnet eine Form der politischen Freiheit, die Menschen erlaubt, angst- und diskriminierungsfrei zu leben«, erklärte Butler vor einigen Jahren im britischen *New Statesman*.

Sicher ist die Idee einleuchtend, dass etwa die Überwindung enggesteckter Geschlechterrollen auch der Befreiung dient. Entsprechendes gilt in Bezug auf andere vielfältige Zuschreibungen von Identität. Nicht zuletzt der Soziologe Andreas Reckwitz verweist hier darauf, dass in der »Gesellschaft der Singularitäten« das moderne Versprechen der Entfaltung des Einzelnen eben auch ein dezidiertes »Freiheitsversprechen« enthalte. Doch befreiend sind solche Ansätze eben nur, wenn sie nicht zugleich neue essenzialistische Identitätskategorien definieren, die nicht abgelegt werden können, sondern sich als zu ertragendes Schicksal entpuppen, das umarmt werden muss, um vermeintlich authentisch zu sich selbst zu kommen.

Natürlich hatte auch die Arbeiterbewegung des 19. Jahrhunderts Bezüge zu Identitätsfragen. Wie hätte es anders sein können? Gewerkschaften, Lesezirkel, Arbeiterkneipen, Sportvereine – all das hatte zweifellos auch eine klassenidentitäre Dimension. Menschen, die sich politisch organisieren, entwerfen dabei stets ein gemeinschaftliches Bewusstsein. Die Existenz einer historischen Klassenidentität aber ist noch lange kein Beleg für die Verwurzelung heute praktizierter partikularistischer Identitätspolitik in historischen Traditionslinien der Arbeiterbewegung. Deren Ziel war die Überwindung von Ungleichheit, getragen vom Bewusstsein der Gleichheit. »An die Stelle der alten bürgerlichen Gesellschaft mit ihren Klassengegensätzen tritt eine Assoziation, worin die freie Entwicklung eines jeden die Bedingung für die freie Entwicklung aller ist«, heißt es im *Kommunistischen Manifest*. Es ging um die klassenlose Gesellschaft, nicht um eine undurchlässige Hierarchie unterschiedlich privilegierter *Communities*. Damit aber stand und steht die progressive Tradition in einem unüberwindbaren Gegensatz zu den essenzialistischen Dogmen des aktuellen partikularistischen Standesbewusstseins.

Eine breitere Anerkennung dieser Kritik in progressiven Kreisen wird sicher auch dadurch erschwert, dass sie längst regelmäßig von rechts ertönt. Doch wenn es die Hauptmaxime ist, ja keinen Beifall von der falschen Seite zu erhalten, wird Handlungsfreiheit mit Pawlow'schen Reflexen vertauscht. Die Tatsache etwa, dass Donald Trump die Lehre der *Critical Race Theory* in US-Bundesbehörden untersagte, sollte in progressiven Kreisen keine Nibelungentreue zu antifreiheitlichen Konzepten zur Folge haben. Doch es dominieren weiterhin Reaktionen im Affekt: Als der republikanische Senator Tim Scott im US-Kongress im April 2021 in seiner Antwort auf Präsident Bidens *State of the Union*-Rede das Narrativ eines allumfassenden strukturellen Rassismus in den USA infrage stellte, reagierten Teile der identitätspolitischen Avantgarde geradezu hysterisch. Der Afroamerikaner Scott wurde in sozialen Medien als »Onkel Tim« verhöhnt, eine abwertende Anspielung auf Harriet Beecher Stowes Roman *Onkel Toms Hütte*.

In Großbritannien führte die Arbeit der von Boris Johnson eingesetzten *Commission on Race and Ethnic Disparities* zu ähnlichen Reaktionen. Der Bericht der elfköpfigen Kommission (die gänzlich von *People of Color* besetzt war) beklagte zwar rassistische Vorfälle im Land, doch wollte die Existenz allumfassender rassistischer *Strukturen* eben nicht bestätigen. Das führte zu wütenden Reaktionen bei Aktivisten, die dem Autorenteam »atemberaubenden Zynismus« bescheinigten, und selbst beim Vorsitzenden der britischen Labour Party, Keir Starmer, der die »Zögerlichkeit« bedauerte anzuerkennen, dass es strukturelle Diskriminierungen gibt – und zwar schon bevor der Bericht überhaupt in Gänze vorlag.

Zu denken gibt Teilen des progressiven Spektrums bislang nicht einmal der Umstand, dass identitätspolitische Signale von Vertretern des *Big Business* längst als verkaufsförderndes Ablenkungsmanöver benutzt werden. Ausgerechnet internationale Großunternehmen überschlagen sich geradezu dabei, sich als Teil der *woken* Bewegung zu präsentieren, und nutzten etwa bei der Fußballeuropameisterschaft die Gelegenheit, mit Regenbogenfähnchen für ihre Produkte zu werben und sich als besonders weltoffen zu präsentieren.

Sicher: Jede Stimme gegen Diskriminierung ist zu begrüßen. Doch zynisch gerade an dem Verhalten multinationaler Konzerne ist die Tatsache, dass das praktizierte *virtue signaling* der Marktgiganten mit so gut wie keinen Kosten und ernsthaften Verhaltensänderungen verbunden ist. Das Anprangern von »strukturellem Rassismus« auf Twitter jedenfalls scheint mit der Aufrechterhaltung dubioser Lieferketten und der kontinuierlichen Ausbeutung unterbezahlter Lohnsklaven in Sweatshops des Globalen Südens durchaus zu harmonieren.

Auch die selektive geografische Umsetzung dieses Diversity-Kapitalismus lässt durchaus daran zweifeln, ob die progressiven Botschaften besonders tiefgehende Überzeugungen widerspiegeln. Die im *Gay Pride*-Monat von Autoherstellern in ihr Logo integrierte Regenbogenflagge etwa ließ sich zwar in Online-Auftritten in europäischen Ländern bestaunen, nicht aber dort, wo Homosexualität tatsächlich bestraft wird – und wo es den betreffenden Unternehmen finanziell wehtäte. So lange aber der *Woke Capitalism* progressive Kräfte mit Diversity-Signalen auf Twitter zufriedenstellt, dürften tiefgreifendere Änderungen der Geschäftspraxis – etwa die Anhebung von Mindestlöhnen – ausbleiben.

Freiheit, Gleichheit, *Equity*?

Nichts wäre falscher, als von diesen Überlegungen abzuleiten, dass der Alltag vieler Menschen auch in westlichen Demokratien diskriminierungsfrei sei. Diskriminierung aber ist das Gegenteil von Freiheit. Demokraten und insbesondere progressive Kräfte, die den Kampf gegen diese beschämenden Phänomene vernachlässigen oder ins Lächerliche ziehen, haben die fundamentalsten Lektionen der Demokratie und der Menschlichkeit nicht einmal in Grundzügen verinnerlicht.

Die bittere Wahrheit lautet: Obwohl Fortschritte in Sachen gesellschaftlicher Toleranz nicht zu leugnen sind – und zwar quer durch westliche Gesellschaften, wie etwa der *World Values Survey* belegt – bleibt Diskriminierung ein Problem. »What to the Slave is the Fourth of July?«, fragte Frederick Douglass in einer historischen Rede schon im Jahr 1852 und verwies auf den skandalösen Umstand, dass Freiheit in den USA des 19. Jahrhunderts eben trotz der noblen Versprechen der Gründungsdokumente der Republik in keiner Weise garantiert war. Kritische US-Wissenschaftler wie Tyler Stovall verweisen auch heute zu Recht auf den Umstand, dass Freiheit in der amerikanischen Geschichte über große Zeiträume hinweg als eine ausschließende Ideologie bezeichnet werden muss: als eine Freiheit, die eben in erster Linie als »weiße Freiheit« interpretiert wurde.

Diskriminierung etwa bei der Wohnungssuche oder bei der Bewerbung für einen Job sind gut dokumentiert und belegen in einer ganzen Reihe westlicher Gesellschaften auch heute noch, dass das demokratische Freiheitsversprechen für Menschen ausgesetzt ist, die täglich aufgrund von Hautfarbe, sexueller Orientierung, Herkunft oder Religionszugehörigkeit Zurücksetzung erleben. Auch progressive Kräfte haben diese Unzulänglichkeiten in der Vergangenheit oft nicht mit der gebotenen Tiefenschärfe zur Kenntnis genommen. Doch zumindest in jüngerer Zeit haben sie aufrichtig versucht, das Versprechen der Befreiung nicht infrage zu stellen, sondern es umzusetzen. »Wir versprechen keine Gleichheit des Ergebnisses. Wir haben uns bemüht gleiche Möglichkeiten zu erzielen«, erklärte Barack Obama 2014. Das »entscheidende Projekt unserer Generation« sei die »Wiederherstellung des Versprechens der Chancengleichheit«.

Ein solches Bekenntnis aber klingt in progressiven Kreisen heute zunehmend antiquiert. Gleichheit – *Equality* – wird gerade im englischsprachigen Raum mehr oder weniger stillschweigend durch den schillernden Begriff *Equity* ersetzt. In nahezu jedem *Executive Order* der neuen Biden-Administration der ersten Monate etwa findet sich der Verweis auf *Equity* als zentralem Wert. Und im Netz kursiert ein vielsagender Videomitschnitt Bidens, in dem dieser bei der Vorstellung seines *Racial Equity Plans* mitten im Wort *Equality* durch *Equity* ersetzt.

Auch in internationalen Dokumenten etwa der Vereinten Nationen ist dieser Trend zu beobachten, zum Beispiel im UN Development Report des Jahres 2020. Dort taucht der Begriff *Equity* mehr als einhundert Mal auf. Der Bericht konstatiert dabei in einer etwas kuriosen Formulierung, »die Idee, unsere Gesellschaften zu transformieren, muss *Equity* oder Gerechtigkeit im Mittelpunkt haben«. Im Beschluss der UN-Generalversammlung zur Agenda 2030 aus dem Jahr 2015 wurde *Equity* dagegen noch kein einziges Mal erwähnt.

Equity mag vertraut klingen, doch ist es eben keine aktualisierte Version von Gleichheit – auch wenn diese Annahme einen Teil der begrifflichen Anziehungskraft ausmacht. In vielerlei Hinsicht stellt *Equity* das exakte Gegenstück zur traditionellen Gleichberechtigung dar. *Equity* steht nicht für größere Chancen-, sondern für stärkere Ergebnisgleichheit von Gruppen, in denen jede Ungleichheit zwangsläufig auf strukturelle Diskriminierung zurückgeführt wird.

Sicher: Auch dogmatische Gleichbehandlung ist für sich genommen noch lange keine Garantie für Fairness. Schließlich weichen demokratische Gesellschaften regelmäßig ganz bewusst vom Prinzip einer strikten Gleichheit ab – etwa in progressiven Steuersystemen oder in der Ausgestaltung von Impfprioritäten im Rahmen der Pandemiebekämpfung. Wer alt ist, wird zuerst geimpft, und starke Schultern zahlen höhere Steuern. Das ist zwar ungleich, aber dennoch gerecht. Ein Ansatz der *Equity* kann daher anlassbezogen durchaus zielführend, legitim und freiheitlich sein.

Fragwürdig aber wird es, wenn *Equity* nicht auf Steuerklassen, sondern auf angeborene Merkmale angewandt und als allein geltendes gesamtgesellschaftliches Ordnungsprinzip verwirklicht wird, in dem der Wunsch nach Gerechtigkeit für Gruppen routinemäßig über das Ziel der Gerechtigkeit für das Individuum gestellt wird. Hier ist zu fragen, welchen Stellenwert das Ideal der Freiheit in einer Gesellschaft noch haben kann, in der berufliche, kulturelle und politische Chancen und Rollen nicht von Präferenzen, Fähigkeiten und Ambitionen abhängig gemacht werden, sondern von einer 1:1-Abbildung gesellschaftlicher Normalverteilungen.

Welcher krakenhafte Leviathan wäre mit den unzählbaren Interventionen der Förderung und der Blockade individueller Lebensentscheidungen zu betrauen, um diese Art von *Equity* in jedem Gesellschaftsbereich Wirklichkeit werden zu lassen? Zumal diese Interventionen für die Befreiung einiger stets nur auf Kosten von Fairness und der freien Entfaltung anderer umgesetzt werden könnte. Am Ende eines solchen Leitbildes der Ergebnisgleichheit identitär definierter *Communities* stünde eine toxische Kombination aus eingeschränkten Freiheiten für Mehrheiten und besonderen Vorrechten für Minderheiten, wobei die Zuschreibung des Majoritäts- und des Minoritätsstatus je nach Anlass wechseln würde.

Zu bedenken ist auch, was für eine Gesellschaft entsteht, wenn nicht nur *People of Color*, sondern sämtliche denkbare Identitätskategorien nach paritätischer Repräsentanz verlangen und auch etwa gesellschaftliche Mehrheiten dazu übergehen, sich dezidiert als ethnische

Gruppe mit eigenen Perspektiven, Wahrheiten und gegebenenfalls auch Vorrechten zu definieren. Gibt es dann Fördermittel für Männer, die an US-Hochschulen stets unterrepräsentiert sind?

Die Auswirkungen solcher Irrwege lassen sich in den USA in einem aktuellen Gerichtsprozess der Harvard University studieren. Die Hochschule wird von einer Gruppe asiatischstämmiger Studierender verklagt, die der Verwaltung Diskriminierung vorwerfen, um den Anteil asiatischer Studierender zu reduzieren und den Anteil von afroamerikanischen und Latino-Studierenden zu erhöhen. Sogar beim Supreme Court landen könnte der Streit um den Versuch der US-Regierung, COVID-Hilfen für Kleinunternehmen von ethnischen und sexuellen Merkmalen abhängig zu machen: Die *Small Business Administration* hatte entschieden, in den ersten 21 Tagen eines Nothilfeprogramms nur Anträge von Frauen und Minderheiten zu bearbeiten. In ersten Gerichtsurteilen wurde dies als Verstoß gegen Verfassungsgrundsätze gestoppt.

Aber auch in Deutschland finden sich vergleichbare Trends. Die an der Landesregierung von Berlin beteiligte Partei »Die Linke« legte dort bekanntlich Anfang 2021 einen – später gescheiterten – Gesetzentwurf für die Einführung einer Migrantenquote von 35 Prozent im Öffentlichen Dienst der Stadt vor. Man kann sich eigentlich nicht vorstellen, wie eine solche Quote umzusetzen wäre, ohne die Diskriminierung, die überwunden werden soll, auf eine völlig neue – und jetzt bürokratisch legitimierte – Ebene zu hieven.

Problematisch erscheint bei all diesen Überlegungen nicht zuletzt die erratische Auswahl der zu berücksichtigenden Identitätskategorien. Warum etwa sollten ethnische Minderheiten oder etwa Frauen besonders berücksichtigt werden, nicht aber religiöse Minderheiten, Menschen mit nicht-heterosexueller Orientierung oder mit körperlichen Beeinträchtigungen? Sind diese nicht ebenfalls mit besonderen Herausforderungen konfrontiert? Und was ist mit der Frage der Altersdiskriminierung? Oder wie die *New York Times* im Sommer 2021 ernsthaft erörtere, mit Benachteiligung aufgrund von mangelnder physischer Attraktivität? Die Liste ist potenziell endlos.

Zu fragen wäre dabei auch, wie Überschneidungen von Diskriminierungserfahrungen zu bewerten wären. Verdient die weibliche Angehörige einer religiösen Minderheit mit nicht-heterosexueller Orientierung ein größeres Maß an Unterstützung als Menschen, die nur auf einen einzigen Diskriminierungsaspekt verweisen können? Gleichen sich unterstellte Vor- und Nachteile aus? Wie ist dann das Niveau der Privilegien etwa von weißen Frauen zu vermessen? Oder von Männern, die zwar weiß sind und »Cis«, aber jüdisch? Und wer zählt überhaupt als Minderheit? Reicht auch hier die Selbstidentifikation aus (wie zunehmend in Genderfragen), oder sind Bekenntnisse als objektiv stichhaltig und überzeugend zu überprüfen, auch wenn sie mit der Selbstwahrnehmung der Betroffenen gar nicht übereinstimmen? Und wer um Himmels Willen wollte in einer solchen Welt der hierarchisierenden Schubladen leben?

Wenn Diskriminierung aufgrund von unveränderlichen äußerlichen Merkmalen wie der Hautfarbe zu Recht Stein des Anstoßes ist, kann diese nicht die allumfassende Basis der politischen Antwort auf die Diskriminierung sein. Hier kuriert die Therapie nicht die Krankheit, sondern imitiert sie und verbreitet sie noch in den letzten gesellschaftlichen Winkel hinein. Genau das aber ist die explizite Empfehlung, die Bestsellerautor Ibram X. Kendi derzeit so erfolgreich verbreitet: »Die Antwort auf Diskriminierung in der Vergangenheit ist Diskriminierung in der Gegenwart. Die Antwort auf Diskriminierung in der Gegenwart ist Diskriminierung in der Zukunft«, schreibt er in seinem Weltbestseller *How to Be an Anti-Racist*. Das aber ist die exakte Gegenposition nicht nur zur traditionellen Haltung der US-Bürgerrechtsbewegung, sondern auch zu demokratischen Kräften weltweit, die sich stets dafür stark machten, rassistische Diskriminierung zu überwinden, anstatt sie in neuem Gewand als gesellschaftliches Ideal auferstehen zu lassen.

Der Traum fortschrittlicher Kräfte war stets eine Welt der Gleichheit, in der Diskriminierung keine Rolle mehr spielt. Das literarisch eindrucksvollste Denkmal dieser Überzeugung findet sich in Martin Luther Kings Rede »I Have a Dream« mit ihrem ergreifenden Plädoyer für Gerechtigkeit und Freiheit. Die Tatsache, dass dieses Ideal mittlerweile vom rechten Lager als Kronzeuge für ihre Art von »Freiheit« beschworen wird, tut der Überzeugungskraft der Vision keinen Abbruch. Eben so wenig tut dies der bizarre Umstand, dass die identitätspolitische Avantgarde das Lob einer farbenblinden Gesellschaft mittlerweile als Spielart eines besonders perfiden Rassismus bewertet.

Der Traum des Reverend Martin Luther King wird dekonstruiert. Doch unklar bleibt, wie der Traum der partikularistischen Aktivisten ausgestaltet ist – zumindest sobald es über den Impetus der Zerstörung des Bestehenden hinausgeht. In ihrem Nachfolge-Bestseller *Nice Racism* vom Sommer 2021 umreißt Robin DiAngelo ihre Vision einer »antirassistischen« Zukunft, in der eine Erlösung nicht einmal perspektivisch in Aussicht gestellt werden kann. »Eine antirassistische Perspektive muss kontinuierlich sein«, meint DiAngelo. Sie müsse »bestimmen, wer in meinem Leben ist, mit wem ich mich verbinde, was ich sehe, was mir wichtig ist, über was ich spreche, was ich lese, was ich kaufe, wie ich arbeite, was ich bereit bin zu fühlen, was ich zu bezeugen ertragen kann, welchen Unbequemlichkeiten ich widerstehen kann und welche Risiken ich eingehe.« Sisyphos, so hat es den Anschein, müssen wir uns als einen antirassistischen Menschen vorstellen, für den Freiheit augenscheinlich nicht einmal als Leitbild noch eine wesentliche Rolle spielt.

Und wie attraktiv ist die Vision eines »Ministeriums für Antirassismus«, wie es Ibram X. Kendi vorschwebt, mit dem Auftrag, »Politiker und Regierungsvertreter zur Rechenschaft zu ziehen, die nicht freiwillig auf rassistische Ideen verzichten?«. Das identitätspolitische Ideal des Partikularismus ist eine »sortierte Gesellschaft« (Johann Richardt), in der Rollen essenzialistisch zugeschrieben werden und in der Lebenswege nicht von Neigung und Ambition abhängen, sondern von gesetzlich festgelegten Quotierungen.

Höchste deutsche Gerichte haben solche Ansätze wiederholt als unvereinbar mit den Werten unserer demokratischen Grundordnung zurückgewiesen. Das aber scheint Teile der partikularistisch beseelten Kräfte bislang kaum zu beeindrucken. Nicht nur den Philosophen

Robert Pfaller beschleicht hier die Vermutung, identitätspolitische Akteure würden sich so stark auf Herkunftsfragen beziehen, weil Zukunftsfragen in ihrer Weltsicht nur eine untergeordnete Rolle spielen.

Hinzu kommt, dass diese Ansätze von einem überwiegenden Teil der Bevölkerungen in westlichen Demokratien als gefährlich durchschaut und abgelehnt werden. Partikularistische Identitätspolitik ist nicht populär – nicht einmal in den *Communities*, für deren Interessen sich die Protagonisten nach eigenem Dafürhalten so einsetzen. Sie ist vielmehr der Inbegriff einer Top-down-Ideologie, die von gesellschaftlichen Eliten insbesondere an Universitäten und in Verwaltungen gegen Indifferenz und Unbehagen gesellschaftlicher Mehrheiten durchgesetzt wird.

Verordnete vermeintlich »gendersensible« Sprachvorschriften etwa stoßen in westlichen Mehrheitsgesellschaften meist auf Ablehnung – und zwar nicht nur in reaktionären Kreisen. Weshalb sonst wird versucht, Sprache zu reglementieren, statt auf die unkontrollierte, freie, organische Sprachentwicklung zu vertrauen? Mehr als 60 Prozent von dazu Befragten in Deutschland lehnen solche politisch motivierten Sprachvorgaben ab. Und die Sprachwissenschaft haben sie dabei auf ihrer Seite. Denn dass grammatikalische Strukturen das Denken determinieren, wurde in der Linguistik schließlich schon vor Ewigkeiten als völlig überholte Vereinfachung widerlegt.

Ähnliche Zahlen finden sich für andere Aspekte der partikularistischen Identitätspolitik auch in den USA. Hier stellen sich fast zwei Drittel der Afroamerikaner und der Hispanics dezidiert gegen die Berücksichtigung von ethnischer Herkunft als Aufnahmemerkmal an Colleges und Universitäten, wie eine Umfrage des Meinungsforschungsinstituts Pew aus dem Jahr 2019 belegt. Selbst im progressiven – und sehr »diversen« – Kalifornien erteilte eine deutliche Mehrheit der Wählerinnen und Wähler im November 2020 der Wiedereinführung von ethnisch hergeleiteter Bevorzugung an staatlichen Institutionen eine Absage an der Wahlurne.

Aufschlussreich ist dabei eine aktuelle Untersuchung von Micah English und Joshua L. Kall zu Auswirkungen des Framings progressiver Politikentwürfe auf allgemeine Zustimmungswerte. Die beiden Forscher der Yale University versuchten herauszufinden, inwiefern es einen Unterschied macht, ob Infrastrukturinvestitionen als Instrumente zur Einebnung von Klassenunterschieden oder als solche zur Förderung der *Racial Equity* dargestellt werden. Bezeichnenderweise war die Zustimmungsrate für den Ansatz der *Equity* deutlich geringer – und zwar nicht nur bei möglicherweise voreingenommenen weißen Befragten, sondern auch bei befragten »People of Color«. »Trotz der Linksverschiebungen in der öffentlichen Einstellung zu Fragen der Rassengleichheit verringert Racial Framing die Unterstützung für progressive Politik«, fassen die Forscher ihre Ergebnisse zusammen. »Ein Framing durch Klasse hingegen erhöht die Unterstützung.«

Warum also halten Teile des progressiven Lagers so verbissen am Versuch des ethnischen Framings fest, wenn die Wählerinnen und Wähler diesem Konzept aus guten Gründen so skeptisch gegenüberstehen? Haben wir die Umsetzung des Martin Luther King-Ideals der Gleichberechtigung wirklich so vollumfänglich erreicht, dass wir das Leitbild der Farbenblindheit nun sang und klanglos durch das Ziel einer identitären Standesgesellschaft ersetzen sollten?

Ein besserer Weg

Die Antwort auf Diskriminierung ist nicht mehr Diskriminierung, sondern mehr Gerechtigkeit. Das gesellschaftliche Ideal der Freiheit bedarf dabei zur Ergänzung der Prinzipien der Gleichheit und der Solidarität, um demokratische Entwicklungen dauerhaft abzusichern. Vor diesem Hintergrund erscheint das traditionelle Ziel der Farbenblindheit nach wie vor als beste Möglichkeit, bestehende Ungleichheiten zu bekämpfen, ohne zugleich Ungerechtigkeiten auf anderen Ebenen zu befördern.

Eine politische Antwort, die Freiheitsrechte sichert, individuelle Autonomie fördert und allen Menschen, unabhängig von äußerlichen Merkmalen und sexuellen Orientierungen, Entwicklungsmöglichkeiten bietet, bleibt deshalb so relevant wie nie, gerade im Hinblick auf die langfristigen Auswirkungen der Coronapandemie. Kritische Stimmen wie etwa die des US-amerikanischen Philosophen Michael J. Sandel haben dabei völlig recht, wenn sie auf die Unvollkommenheit bestehender, angeblich rein meritokratischer Systeme verweisen. Chancengleichheit für alle, der Triumph über Diskriminierung – all das sind Aufgaben, die noch lange nicht gelöst sind und die politische Aufmerksamkeit und Engagement erfordern.

Warum setzen sich progressive Kräfte nicht für Bewerbungsverfahren ein, in denen Namen und Herkunft endlich ausgeblendet werden? Oder für ein Mietrecht, in dem die Diskriminierung von Minderheiten auf dem Wohnungsmarkt endlich aufhört? Oder für ein Bildungssystem, das wirkliche Chancengleichheit ermöglicht? Es gäbe viele Möglichkeiten, die persönliche Entwicklung, die Autonomie und Entscheidungsfreiheit bisher diskriminierter Menschen direkt und konkret zu stärken.

Die aktuellen partikularistischen identitätspolitischen Debatten auf der Rechten werden hierbei sicher keine konstruktive Rolle spielen. Es gibt keine Freiheit in »national befreiten Zonen«. Doch auch essenzialistische und tribalistische Ansätze auf der Linken werden hierzu keinen produktiven Beitrag leisten. Irreführende Ideologien aber scheitern nur selten an inneren Widersprüchen. Marxisten warten noch heute auf den Zusammenbruch des Kapitalismus. Und auch religiöse Glaubenssysteme lassen sich durch widersprechende wissenschaftliche Tatsachen bekanntlich in den seltensten Fällen grundlegend erschüttern.

Notwendig ist deshalb ein klares Nein zu den Auswüchsen der partikularistischen Identitätspolitik auch und gerade von links. Im Hinblick auf ihre Verheißungen gilt: Der Kaiser ist nackt. Gut, dass mehr und mehr Stimmen den Mut finden, diese Wahrheit offen auszusprechen. In Zeiten, in denen die Prinzipien von Gleichheit, Gerechtigkeit und Universalismus nicht nur von autoritären Staaten und reaktionären Kräften untergraben werden, sondern auch von progressiven Stimmen in demokratischen Gesellschaften, ist ein solches Nein keine Nestbeschmutzung, sondern Bürgerpflicht.

Kapitel 4
Freiheit und die Zumutung der Andersdenkenden

Freie Meinungsäußerung war immer ein riskantes Unterfangen. 1521 wurde Martin Luther zu seinem eigenen Schutz auf die Wartburg gebracht, 1633 musste Galileo Galilei seine Thesen zum kopernikanischen Weltbild widerrufen, und noch 1859 sorgte Charles Darwins *Über die Entstehung der Arten* für Aufruhr in der katholischen Kirche. Die Rückschau zeigt: Die Freiheit des einen erscheint dem anderen als Irrglaube, als Provokation oder Ketzerei. Die römische Kurie verfügte mit dem *Index Librorum Prohibitorum* seit dem 16. Jahrhundert über eine detaillierte Liste »verbotener Bücher«, deren Besitz mit der Exkommunikation bestraft werden konnte. Als der Index ab Mitte der 60er-Jahre des 20. Jahrhunderts nicht mehr weitergeführt wurde, enthielt die letzte Aufstellung Tausende von Titeln – unter anderem von Simone de Beauvoir, Jean-Paul Sartre und Heinrich Heine.

Der *Index* ist Papier gewordener Beweis, dass die Regulierung von Meinungsäußerungen keine Erfindung der Moderne ist – auch wenn die aktuelle Debatte über *Cancel Culture* und Meinungskorridore diesen Eindruck erwecken mag. In gewisser Hinsicht wurden menschliche Gesellschaften stets nicht nur durch das definiert, was gesagt werden durfte, sondern vor allem auch durch das, was eben nicht gesagt werden durfte. Lediglich die Legitimationen haben sich gewandelt – und die Urheber der Verbote.

Dabei ist Meinungsfreiheit nicht so eindeutig den politischen Lagern zuzuordnen. Rosa Luxemburgs Diktum »Freiheit ist immer die Freiheit der Andersdenkenden« wurde historisch sowohl von links als auch von rechts beschworen – und aus beiden Richtungen ebenso häufig ad absurdum geführt. Eine klarere Rollenverteilung wird eher ersichtlich, wenn nicht die Kategorien links und rechts in den Blick genommen werden, sondern oben und unten. Denn das Ideal der freien Meinungsäußerung wurde immer wieder gerade von Kräften betont, die von eigener Machtausübung nur träumen konnten. »Geben Sie Gedankenfreiheit, Sire«, ruft der Marquis von Posa in Schillers *Don Carlos* schließlich nicht in den luftleeren Raum, sondern dem despotischen König Philipp zu.

Meinungsfreiheit als Trumpf gegen die hegemoniale Vorherrschaft und als aufgeklärte Selbstbeschränkung der Macht: Es ist diese Doppelfunktion, die auch in der aktuellen Debatte entscheidend ist. Bezeichnend für die moderne Unübersichtlichkeit ist dabei nur, dass keine Einigkeit mehr über die Frage besteht, wer eine hegemoniale und wer eine marginalisierte Position in der Diskussion innehat. Im Kulturkampf um die Grenzen der freien Meinungsäußerung agieren schließlich beide Seiten in dem Bewusstsein, als Kämpfer wider den Zeitgeist hehre Ideale zu verteidigen. Hier als Bollwerk gegen »Hass und Hetze«, dort als Bastion des »gesunden Menschenverstands« gegen identitätspolitische Partikularismen, wie sie im vorherigen Kapitel dargestellt wurden.

Und doch – das soll auf den folgenden Seiten aufgezeigt werden – ist in diesem Streit das größere Engagement für das Ideal der Meinungsfreiheit – zumindest rhetorisch – mittlerweile immer häufiger bei der politischen Rechten zu verorten. In Teilen der Linken hingegen findet Meinungsfreiheit als abstraktes Gut nur noch in seltenen Fällen uneingeschränkte Unterstützung. Das aber ist für eine Bewegung befremdlich, die ihre eigenen Erfolge vor über 150 Jahren schließlich nicht zufällig darauf aufbaute, Ungerechtigkeit und Unfreiheit der damals bestehenden Gesellschaftsordnung zunächst einmal klar zu benennen. »Alle große politische Aktion«, erklärte Ferdinand Lassalle 1862, »besteht in dem Aussprechen dessen, was ist, und beginnt damit.« Und fügte hinzu: »Alle politische Kleingeisterei besteht in dem Verschweigen und Bemänteln dessen, was ist.«

Doch das Verschweigen und Bemänteln lässt sich aktuell in Teilen der Linken kaum abstreiten – etwa in Bezug auf kritische Aspekte der Integration von Migranten und in Bezug auf die Rolle, die der politische Islam in europäischen Gesellschaften spielt. Sobald Beifall von der falschen Seite droht, üben sich linke Stimmen in befremdlicher Selbstbeschränkung bei der Benennung von Defiziten und in allzu großer Nachsicht gegenüber religiös motivierten Einschüchterungsversuchen, wenn sie etwa von muslimischer Seite kommen.

Die Linke müsse endlich »ihr unangenehm auffälliges Schweigen beenden«, forderte SPD-Parteivize Kevin Kühnert im Oktober 2020 im *Spiegel*. Anlass war die Enthauptung des französischen Lehrers Samuel Paty, der im Unterricht religionskritische Karikaturen gezeigte hatte und dafür brutal ermordet wurde. »Nicht, weil sie von rechts mit durchschaubaren Argumenten dafür kritisiert wird. Sie muss das Wort erheben, weil es auch und insbesondere ihre proklamierten Werte sind, die bei ausnahmslos jedem Terroranschlag mit Füßen getreten, mit Messern erdolcht und mit Sprengsätzen in die Luft gejagt werden.«

Wie wahr. Diese Position aber scheint in Teilen des progressiven Spektrums heute eben nicht gerade vorherrschend zu sein. Es dominieren falsch verstandene und vor allem hochgradig selektive Rücksichtnahmen, moralische Doppelstandards und ein Abrücken von Prinzipien der freien Meinungsäußerung, die gravierende Folgen für die Ermöglichung einer umfassenden demokratischen Debatte hat. »Die große Reversion der freien Rede« überschrieb die progressive US-Monatszeitschrift *The Atlantic* diesen Rollentausch zwischen rechts und links im Januar 2021. Das aber ist eine Entwicklung, die nicht nur das progressive Lager, sondern Demokratie und Freiheit insgesamt belastet.

Das Pendel der freien Rede

Noch in den 1960er- und 1970er-Jahren lehnten sich, ausgehend von den Universitäten, gerade progressive Stimmen gegen Denkverbote, ideologische Scheuklappen und, ja, strukturell rassistische Meinungskorridore auf. Protestmärsche, Teach-ins, Untergrundzeitschriften ... – die Impulse für die Freiheit der Meinung waren so vielfältig wie die Klagen über die Übermacht und Scheinheiligkeit des bürgerlichen Mainstreams.

Pressefreiheit? Ein Luxus für Millionäre, wenn nicht eine Illusion, die nur dazu diene, strukturelle Ausbeutungsmechanismen der kapitalistischen Ordnung zu kaschieren, argumentierten progressive Kritiker. »Als wirkungsvolle und mächtige ideologische Institutionen« erfüllten die Massenmedien nichts anderes als eine »systemerhaltende Propagandafunktion«, erklärten etwa Edward S. Herman und Noam Chomsky 1988 in ihrem Klassiker *Manufacturing Consent*.

Solche Klagen sind auf der Linken selten geworden. Sicher, auch heute noch kritisieren progressive Kräfte den Einfluss von Verlegern wie Rupert Murdoch und fragen – völlig zu Recht – nach der demokratischen Legitimation ihres gesellschaftlichen Einflusses. Doch jedem schon etwas angestaubt klingenden linken Ruf nach »Enteignet Springer!« oder dem jeweiligen Äquivalent schallt heute ein ganzer Chor rechter Klagen über »Meinungskorridore«, »Sprechverbote« und »Lügenpresse« entgegen. Die Speerspitze dieser rechten Bewegung bildete in den vergangenen Jahren US-Präsident Trump, der »die Medien« wiederholt als »Volksfeinde« bezeichnete und noch im Mai 2020 mit einem symbolischem *Executive Order* an die »Meinungsfreiheit als Grundlage der amerikanischen Demokratie« erinnerte.

Doch wo auf der Rechten aus Wut über die linksliberalen, angeblich einseitigen »Mainstreammedien« mal mehr, mal weniger überzeugend (und beherrscht) größere Meinungsfreiheit eingefordert wird, scheinen relevante linksliberale Stimmen eine immer deutlichere Gegenposition dazu zu beziehen. Gerade im Hinblick auf die dominierenden Plattformen digitaler Kommunikation gilt ihre Sorge nicht einem Zuviel, sondern einem Zuwenig an Regulierung. »In der großen Debatte der vergangenen zwei Jahrzehnte über Freiheit versus Kontrolle lag China im Wesentlichen richtig und die Vereinigten Staaten im Wesentlichen falsch«, schreiben nicht etwa Vertreter der chinesischen Regulierungsbehörden, sondern zwei renommierte Professoren der *Harvard Law School* und der *University of Arizona* in einem aktuellen Zeitschriftenbeitrag. Eine »deutliche Überwachung und Sprachkontrolle«, meinen Jack Goldsmith und Andrew Keane Woods, »sind unausweichliche Komponenten eines reifen und florierenden Internets, und Regierungen müssen hier eine starke Rolle übernehmen und sicherstellen, dass das Internet mit sozialen Normen und Werten kompatibel ist«.

Auch die ehemalige Präsidentschaftskandidatin der US-Demokraten, Hillary Clinton, hat sich als Unterstützerin staatlicher Regulierung der allzu freien Rede gerade in digitalen Netzwerken positioniert. Für die »Manipulation von Informationen und das, was er unserer Demokratie antut«, müsse Facebook-Gründer Mark Zuckerberg endlich »einen Preis bezahlen«, forderte sie. Und im Juli 2021 warf US-Präsident Joe Biden Facebook im Rahmen der COVID-Impfkampagne kurzzeitig vor, durch die Verbreitung von Falschinformationen »Menschen zu töten«.

Selbst in progressiven Medien finden sich mittlerweile Stimmen, die unverblümt eine Einschränkung der Debattenfreiheit fordern. So veröffentlichte etwa die britische Journalistin Lauren O'Neill im einflussreichen Kultur- und Nachrichtenmagazin *Vice* ein flammendes Plädoyer dafür, Diskussionen zu umstrittenen Themen wie »Trans-Fragen, Rassismus und Konversionstherapie« endlich zu unterbinden. Bezeichnend ist O'Neills Beitrag dabei insbesondere deshalb, weil sie das Eintreten für Meinungsfreiheit nicht mehr als Aufbegehren gegen Bevormundung beschreibt, sondern als Kapitulation vor der Macht. »Nicht alles ist eine Debatte«, erklärt O'Neill, »auch wenn die Mächtigen das so wollen.« Die »Mächtigen« also wollen eine offene Diskussion, während die »Machtlosen« ihre Ideale vor rhetorischer Übergriffigkeit der freien Meinungsäußerung schützen: Deutlicher kann man die Diskreditierung der Meinungsfreiheit in Teilen der Linken kaum illustrieren.

Gleichwohl beharren in dieser Schlacht um das Recht auf freie Meinungsäußerung maßgebliche Stimmen des linksliberalen Spektrums auf der Auffassung, dass es hier nichts zu sehen gebe. Klagen über Einschränkungen der freien Meinungsäußerung seien nichts anderes als Bigotterie, Scheinheiligkeit und rechte Propaganda. *Cancel Culture*? Eine Kopfgeburt rechter Agitatoren, ohne jeden Bezug zur Realität, so wird versichert. Und wenn Cancel-Versuche offensichtlich sind, wird argumentiert, es handle sich um unbedeutende Einzelfälle oder Selbstverständlichkeiten. Fehlende Vielfalt politischer Positionen in etablierten Medien? Eine Phantomdebatte, die den Feinden der Demokratie in die Hände spielt. Auch nur die Fragestellung ernst zu nehmen heißt in Teilen des progressiven Lagers heute, das Geschäft des Gegners zu erledigen. »Merkst du gar nicht, von wem du damit Beifall erhältst?« – nicht zuletzt die Videos der Aktion *#allesdichtmachen* deutscher Schauspieler nehmen bewusst dieses Totschlagargument aufs Korn.

Besonders irritierend ist an dieser Argumentation die Tatsache, dass Einschränkungen der freien Meinungsäußerung vehement von Stimmen für nicht existent erklärt werden, die selber kaum je im Verdacht stehen, von den gerade angesagten Losungen des progressiven Lagers auch nur punktuell abzuweichen. Doch was ist mit den real existierenden Menschen, deren sozialer Ruf ruiniert wird, nur weil sie in einer Diskussion mit Studierenden eine historische rassistische Beschreibung kritisch zitieren? Weil sie es wagen, auf den Slogan »Black Lives Matter« mit »All Lives Matter« zu reagieren? Oder die kritisch nachfragen, wenn Demonstrationen gegen Polizeigewalt in Zeiten von Corona plötzlich nicht mehr unter die Regeln der sozialen Distanzierung fallen?

Ein Höchstmaß an Selbstkritik scheint heute in Teilen des progressiven Lagers schon erreicht zu sein, wenn offensichtlichen Einschränkungen der Meinungsfreiheit mit dem taktischen Hinweis begegnet wird, man solle es sich nochmals überlegen, weil auf diese Weise ansonsten rechte Verschwörungsmythen bestätigt würden. Problematisiert wird in dieser Argumentation nicht der Akt der Meinungseinschränkung selbst, sondern lediglich die Munition, die man dem politischen Gegner liefert. Das aber ist kein Einsatz für die Freiheit, sondern ein Arrangieren in einer Welt, die nur noch aus Freund und Feind besteht. Spätestens seit Donald Trump am 4. Juli 2020 am Mount Rushmore die *Cancel Culture* als »wachsende Gefahr« bezeichnete, gilt Selbstkritik zu diesem Thema in Teilen der *woken* Linken als naives Eingehen auf rechtes Störfeuer.

Sicher ist das Lamentieren von rechts über vermeintliche Maulkörbe im Namen der politischen Korrektheit immer wieder übertrieben und unangebracht – auch das gehört zum komplexen Bild. Aber zum Beispiel auf dem Büchermarkt häufen sich aktuell tatsächlich fragwürdige Versuche, missliebige Werke nicht nur zu kritisieren, sondern gleich ihr (weiteres) Erscheinen zu verhindern.

Aktuell werden etwa in den USA Buchverträge von ehemaligen Mitarbeitern der Trump-Administration und eine ganze Serie – es geht um die *Dr. Seuss*-Bücher – von Kinderbuchklassikern infrage gestellt. Auch das jüngste Werk des kanadischen Bestsellerautors Jordan Peterson (*12 New Rules for Life*) wurde von Protesten der Mitarbeiter des herausgebenden Verlags begleitet, weil sie sich aufgrund der Veröffentlichung des Buches einer persönlichen Gefährdung ausgesetzt sahen. Selbstverständlich hat jeder Verlag das Recht, selbst darüber zu bestimmen, was er veröffentlicht und was nicht. Doch in der Vergangenheit gingen solche Entscheidungen eben selten von den Verlegern und Verlagsmitarbeitern aus, die sich wie heute gegen die Publikation von Büchern wenden und öffentlichem Druck allzu bereitwillig nachgeben, anstatt die Prinzipien der Meinungsfreiheit zu verteidigen.

Das aber ist keine wehrhafte Publizistik, sondern gefährlich. Denn wie schon George Orwell feststellt, ist es eben besonders fragwürdig, wenn »die literarische und wissenschaftliche Intelligenzija die freie Meinungsäußerung untergräbt«. Schließlich ist sie es, die als »Wächter der Freiheit in Theorie und der Praxis« agieren sollte und nicht als Zensor.

Niemand hat die Absicht, die freie Meinungsäußerung zu unterbinden

Wenn *Cancel Culture* eine Illusion ist oder eine perfide Unterstellung des Rechtspopulismus, dann ist die logische Schlussfolgerung daraus, dass gesellschaftliche Mehrheiten in westlichen Demokratien einer massenpsychologischen Fehlwahrnehmung unterliegen. Denn warum haben sonst weite Teile der Öffentlichkeit Angst, politische Meinungen offen zu artikulieren? Ist dies wirklich nur mangelnde Bereitschaft, dem eigenen Chauvinismus Grenzen zu setzen? Manch eine progressive Stimme ist genau davon überzeugt. In ihrer Interpretation ist die Schere im Kopf nicht nur unproblematisch, sondern geradezu sinnvoll. Es gebe eben Themen, die »sich nicht gut zum Einfach-mal-hemmungslos-laut-Rummeinen eignen«, meinen etwa die Blogger von *Übermedien* – und illustrieren damit vorbildlich die paternalistische Herablassung, die Teil des Problems ist.

Denn eine solche Interpretation wäre statthaft, wenn es lediglich radikale Minderheiten wären, die eine Verschlechterung des Debattenklimas beklagten. Doch das Gegenteil ist der Fall. Studien in zahlreichen westlichen Gesellschaften belegen, dass mittlerweile die überwiegende Mehrzahl der Menschen aus Sorge vor sozialen und beruflichen Konsequenzen davon absieht, vom verfassungsmäßig garantierten Recht der freien Meinungsäußerung Gebrauch zu machen. Es sind eben – anders als im Klischee angenommen – nicht allein reaktionäre Wutbürger, die ihren Hass herunterschlucken und darauf mit Klagen im Stil von »Das wird man ja wohl noch sagen dürfen« reagieren. Es geht um gesellschaftliche Mehrheiten, die sich selbst den Mund verbieten. Die »Tyrannei der Mehrheit« (Alexis de Tocqueville) bleibt zwar stets eine Gefahr, doch kaum minder gefährlich ist nicht nur die von Hannah Arendt beschriebene »Tyrannei ohne Tyrannen«, sondern auch eine so selbstvergessen wie selbstgerecht agierende ganz klassische Tyrannei der Minderheit.

In den USA belegt eine Umfrage von 2021 des (konservativen) Cato-Instituts, dass 62 Prozent der Amerikaner »angesichts des herrschenden politischen Klimas« darauf verzichten, ihre Meinung offen zu vertreten. Umfragen im Vereinigten Königreich aus dem Februar 2021 belegen, dass derzeit gerade einmal 12 Prozent der Menschen davon überzeugt sind, kontroverse Fragen zu Migration oder Transgender offen diskutieren zu können. In Österreich stimmten im Frühjahr 2021 mehr als die Hälfte der Menschen der Aussage zu: »Was ich wirklich denke, behalte ich lieber für mich.« Und auch in Deutschland sorgte eine Umfrage des Instituts für Demoskopie Allensbach vom Juni 2021 für Aufsehen, wonach hier gerade noch 45 Prozent der Bürger der Auffassung sind, man könne seine Meinung frei sagen.

Sicher: Für sich genommen geben diese Daten keine Auskunft darüber, ob das gefühlte Unwohlsein auch nur im Entferntesten gerechtfertigt ist. Doch auffällig ist, dass Selbstbeschränkung hinsichtlich der Meinungsäußerung auf der Rechten und auf der Linken nicht gleichermaßen zu Protokoll gegeben wird. Tatsächlich scheinen konservative Stimmen den Druck der öffentlichen Meinung sehr viel stärker zu empfinden als progressive.

Mit Abstand am wenigsten Anpassungsdruck nehmen in Deutschland laut Umfragen Anhänger der Grünen wahr. Auch die als besonders heikel empfundenen Themen sind bezeichnend: Eine Mehrzahl der Befragten äußert, dass insbesondere Fragen der Gleichberechtigung und des Islams als tabubehaftet wahrgenommen werden. Auch in den USA belegt die Umfrage des Cato-Instituts, dass einzig die Gruppe der »sehr Liberalen« mehrheitlich der Auffassung ist, ihre Meinung jederzeit offen ausdrücken zu können. Und auch in Österreich zeigen sich allein bei den Grünen-Wählern und den Anhängern der liberalen NEOS Mehrheiten von öffentlichem Druck zur Meinungsbeschränkung weitgehend unbeeindruckt. Zwei Drittel der Wähler der rechten FPÖ jedoch halten ihre Meinung regelmäßig unter Verschluss. In den USA betrifft dies 77 Prozent der Konservativen.

Ein vorurteilsfreier Blick auf solche Daten sollte progressiven Kräften, die sich stets die Freiheit der Meinung auf die Fahnen geschrieben haben, zu denken geben. Wenn maßgebliche Teile des progressiven Lagers am gesellschaftlichen Ideal der freien Meinungsäußerung – wie zu hoffen ist – festhalten, sind sie augenscheinlich nicht besonders erfolgreich darin, die eigene Duldsamkeit gegenüber abweichenden Stimmen überzeugend zu kommunizieren.

Doch selbst die Frage, inwieweit progressive Kräfte am Ideal der Meinungsfreiheit uneingeschränkt festhalten *sollen*, scheint zunehmend umstritten zu sein. In den USA etwa belegt eine Studie des Forschungsinstituts Gallup, dass in dem Maße, in dem auf der politischen Rechten die freie Meinungsäußerung in sozialen Medien verteidigt wird, progressive Kräfte von diesem Wert abrücken. Und zwar in atemberaubendem Tempo. So brach die Zustimmung zu Meinungsfreiheit im Internet (wie im ersten Verfassungszusatz der US-Verfassung festgelegt) von mehr als 50 Prozent im Jahr 2019 innerhalb eines Jahres auf nur noch 33 Prozent ein.

Sicher, auch diese Art der Abwendung vom Ideal dürfte in den seltensten Fällen von totalitärem Wunschdenken getragen sein. Doch zu fragen bleibt, ob diese politischen Tendenzen, die die freiheitlichen Grundwerte demokratischer Gesellschaften infrage stellen, nicht doch irreparablen Schaden anrichten – ganz unabhängig von ihrer Motivation. Das ist aktuell vor allem in Bezug auf etablierte Medien, den Bildungssektor und soziale Medien zu beobachten.

Der Journalismus und die Unfreiheit der Haltung

Wer westliche Medien für fremdgesteuerte Sprachrohre eines Unrechtssystems hält, dürfte kaum über vertiefte Einblicke in die Zensurpraktiken tatsächlich autoritärer Staaten verfügen. Katastrophismus dramatisiert in exakt dem Maße, in dem er bagatellisiert. Das aber ist gerade in einer Situation fragwürdig, in der die Pressefreiheit weltweit unter massivem Druck steht, wie nicht zuletzt die jährlichen Ausgaben des *World Press Freedom Index* belegen. Der sehr realen Bedrohung eines freien Journalismus in vielen Teilen der Welt sollte man sich bewusst sein, wenn man über Pressefreiheit in Demokratien diskutiert.

Doch das bedeutet noch keine Entwarnung für die etablierten Medien in westlichen Gesellschaften. Denn gerade hier ist ein massiver Vertrauensverlust zu beobachten. Zunächst sah es so aus, als ob Medien im Rahmen der Pandemie einen Ausweg aus dem schleichenden Prozess des Auflagenschwunds gefunden hätten. Tageszeitungen, Wochenzeitungen, der öffentliche Rundfunk – sie alle konnten sich über massiv gestiegene Leser- und Nutzerzahlen freuen.

Dieser Trend scheint im zweiten Jahr der Pandemie jedoch bereits wieder zurückzugehen. In Deutschland etwa verweist die aktuellste Untersuchung zur Glaubwürdigkeit der Berichterstattung von ARD und ZDF vom April 2021 auf einen erneuten Rückgang des Vertrauens um 4 Prozentpunkte im Vergleich zum Oktober des Vorjahres. »Die Zustimmungswerte«, so fasst die Studie zusammen, seien nunmehr »wieder auf dem Niveau der Vor-Corona-Zeit angekommen«.

Dieser Trend lässt sich noch deutlicher in den USA beobachten, wo mittlerweile 73 Prozent der Amerikaner die »Voreingenommenheit« der Medien als gravierendes Problem bezeichnen. Vor vier Jahren betrug dieser Anteil noch 65 Prozent. Bezeichnend ist hierbei, dass von Mediennutzern zwei Ursachen für die als einseitig wahrgenommene Berichterstattung ausgemacht werden. So zeigen sich fast zwei Drittel der Amerikaner davon überzeugt, dass die Eigentümer von Medienunternehmen die Berichterstattung in ihrem Sinne beeinflussen. Doch als ausschlaggebend werden auch bewusste redaktionelle Entscheidungen gesehen. Nur 12 Prozent der Amerikaner sind aktuell der Auffassung, Medien bemühten sich darum, »akkurat und fair zu berichten«. Dabei zeigen sich aufschlussreiche Unterschiede, je nachdem welches politische Lager in den Blick genommen wird. Während 67 Prozent der Konservativen die traditionellen Medien als voreingenommen wahrnehmen, trifft dies nur für 20 Prozent der Progressiven zu. Ähnliche Trends lassen sich in Großbritannien beobachten, wo das Vertrauen in die BBC als Goldstandard des britischen Journalismus auf mittlerweile 40 Prozent zusammengeschmolzen ist. Dieser Rückgang des Vertrauens bezieht sich auch auf die Zunft des Journalismus insgesamt. Seit Jahren schon wird Journalisten in Deutschland kaum größeres Vertrauen entgegengebracht als ausgerechnet Werbetextern.

Der Vertrauensschwund zwischen Medienkonsumenten und Medienproduzenten scheint dabei keine Einbahnstraße zu sein. Ist nicht auch der immer wieder beschworene »Haltungsjournalismus«, der die Leser und Leserinnen in Zeiten von »Hass und Hetze« moralisch festigen soll, letztlich ein Beleg für mangelndes Vertrauen von Medien gegenüber Teilen der Öffentlichkeit?

Aber auch aufseiten der Medienschaffenden ist es nicht so einfach. Immerhin bekennen fast 40 Prozent der Redaktionsmitglieder der *New York Times*, dass auch sie nicht schreiben können, was sie denken. Nur: Wer gibt die Direktiven dann vor? Ist die Selbstbeschränkung am Ende nur ein systemimmanenter Bestandteil des Wettbewerbs um die avanciertesten Positionen in der selbstreferentiellen Hierarchie möglichst progressiver Standpunkte?

In jedem Fall entsteht im Resultat ein journalistisches Produkt, das von Menschen gemacht wird, die sich nicht trauen zu schreiben, was sie meinen, und das von Menschen gelesen wird, die sich nicht trauen zu sagen, was sie denken. Ein merkwürdig unfreier Zustand in Mediensystemen, die als die kritischsten und professionellsten der Welt gelten. »Wie soll man einem Medium vertrauen, dessen eigene Angestellte glauben, dass man gewisse Sichtweisen lieber nicht äußert?«, fragte deshalb mit Blick auf die *New York Times* Giovanni di Lorenzo vor einigen Monaten in einem Zwischenruf zur Lage der Pressefreiheit. »Wenn Medien nicht mehr in der Lage sind, partei- und lagerübergreifend einen Austausch zu organisieren, und stattdessen darauf setzen, möglichst störungsfrei die eigene politische Klientel zu bedienen, dann betreiben auch sie die Spaltung der Gesellschaft – und am Ende die der eigenen Leserschaft«, schrieb di Lorenzo der eigenen Zunft ins Stammbuch.

Doch dieser Appell ist schwer umzusetzen in Zeiten, in denen gerade Tageszeitungen die Abhängigkeit von einflussreichen Anzeigekunden austauschen für die Abhängigkeit von der Erwartungshaltung der verbliebenen Restleserschaft– online und offline. Statt um journalistische Neugierde geht es um Bestärkung. In Reinform war dies im Skandal um die *Spiegel*-Reportagen von Claas Relotius zu beobachten, in denen dieser verbreitete Vorurteile des progressiven Milieus gegenüber vermeintlich samt und sonders reaktionären US-Bürgern in fingierten Beiträgen bediente und dafür mit Preisen überhäuft wurde. Aber auch in den USA beschreibt der Journalist Matt Taibbi selbstkritisch ein Mediensystem, das von »moralischer Manie« profitiert und am Ende einer »Utopie der Spaltung« das Wort redet.

Der in Teilen der Medienlandschaft gepflegte Lagerjournalismus hat zur Folge, dass bestimmte Fragestellungen reflexhaft schon deshalb nicht aufgegriffen werden, weil sie vermeintlich das Framing des entgegengesetzten politischen Spektrums befördern. So dauert es etwa fast 15 Monate, bis Qualitätsmedien wie die *New York Times* sich dazu durchringen konnten, zumindest eine Debatte über die tatsächliche Herkunft des COVID-19 Erregers anzustrengen.

Die 2020 in konservativen Kreisen triumphierend herumgereichte Untersuchung, der zufolge ein Großteil der Nachwuchsjournalisten im ARD-Fernsehen den Grünen nahestehe, sollte nicht über-, aber eben auch nicht unterbewertet werden. Denn ideologische Überzeugungen verhindern nicht notwendigerweise objektive Berichterstattung im Sinne einer freien Debatte.

Im Versuch aber, Vertrauen wieder herzustellen, dürfte wirklicher ideologischer Pluralismus mindestens ebenso entscheidend sein wie die aktuell so oft beschworene Frage der *Diversity*. Ein guter Anfang wäre dabei auch gemacht, wenn das Wort Hanns Joachim Friedrichs wieder ernster genommen würde: »Einen guten Journalisten erkennt man daran, dass er überall dabei ist, aber nirgendwo dazugehört.«

Das Cancel-Paradox an den Hochschulen

Wenn es nach manch einem progressiven Beobachter geht, ist *Cancel Culture* an Hochschulen zugleich beides: nicht existent *und* ein notwendiges Instrument des öffentlichen Anstands. Nicht nur in der deutschsprachigen Debatte fanden sich in den vergangenen Monaten vermehrt Stimmen, die die Absage von kontroversen Veranstaltungen, das Ausladen von unliebsamen Rednern und das Nachgeben eingeschüchterter Universitätsleitungen gegenüber orchestriertem Druck entweder als legitim erachteten oder ihre Skandalisierung kritisierten.

In den USA gibt es verschiedene Dokumentation über das Ausmaß dieses Problems. So unterhält etwa die *Foundation for Individual Rights in Education* eine Datenbank über Einschüchterungen, Ausladungen und Störversuche, die mittlerweile rund 480 Vorfälle umfasst und bis ins Jahr 2000 zurückreicht. Doch tatsächlich lassen sich Einschränkungen der freien Meinungsäußerung an US-Universitäten natürlich viel weiter zurückverfolgen. Schon 1992, darauf verweist der US-Soziologe Amitai Etzioni, hatten sich bereits 130 Universitäten Sprachkodizes verordnet, die detailliert regelten, an welche verbalen Vorschriften sich Lehrkörper und Studierende zu halten hatten. Anders als heute jedoch bezogen sich diese Regelungen in der Mehrheit auf durchaus puritanisch anmutende Versuche, den Gebrauch von Schimpfwörtern und Beleidigungen zu unterbinden. Der Unterschied zu den heute verbreiteten politisierten Sprachregimen nicht zuletzt in Bezug auf Identitätsfragen könnte auffälliger kaum sein.

Aktuelle Versuche des *De-Platforming* an Hochschulen – also des Versuchs, »kontroversen« Sprechern auch ganz konkret die physische Bühne zu entziehen – ziehen zunehmend weitere Kreise. Der beim Verfassen dieses Textes jüngste Eintrag der *Foundation for Individual Rights* etwa bezog sich auf den amtierenden US-Präsidenten, gegen den Studierende an der katholischen University of Notre Dame im Frühjahr 2021 eine Petition aufgrund seiner Positionen zu Geschlechterfragen starteten. Für Aufmerksamkeit in den USA sorgte zudem jüngst auch ein Vorfall am College of William and Mary in Virginia, in dem ausgerechnet ein Vortrag der Direktorin der *American Civil Liberties Union*, Claire Gastañaga, zum Thema Redefreiheit von *Black Lives Matter*-Demonstranten verhindert wurde. Bei deren Auftauchen versuchte die Rednerin noch, den Protest als legitim willkommen zu heißen, wie die *New York Times* berichtete. »Gut, das gefällt mir, das veranschaulicht sehr gut ...«, erklärte Gastañaga noch. »Doch das waren«, schreibt die *Times* trocken, »die letzten Worte, die man hören konnte.« Die Protestierenden skandierten Parolen, bis die Rednerin den Veranstaltungsort verließ. Eine davon lautete: »Die Revolution wird die Verfassung nicht respektieren.«

Bedenklich sind solche Tendenzen dabei gar nicht einmal vornehmlich wegen der tatsächlich verhinderten Zahl der Veranstaltungen, sondern vielmehr wegen des Schadens für das Debattenklima insgesamt, der damit angerichtet wird. »Die reine Anzahl von Cancellations geht am Kern der Sache vorbei«, meint auch etwa Harvard-Professor Steven Pinker. »Es geht um ein Regime der Einschüchterung, das viel mehr Menschen zum Schweigen bringt.« Eine Bagatellisierung dieser Entwicklung sei deshalb in etwa so hilfreich wie das Abwiegeln gegenüber autoritären Regimen, weil diese schließlich nur eine Handvoll von Journalisten ins Gefängnis geworfen hätten.

Mit solchen Aussagen aber geriet Pinker selbst ins Visier: 550 Akademiker unterschrieben im Sommer des vergangenen Jahres eine Petition, um ihn von der Liste der »Distinguished Fellows« der *Linguistic Society of America* zu streichen, da er »Ungerechtigkeiten genau in dem Moment beschönige, in dem schwarze und braune Menschen gegen systemischen Rassismus mobil machten«. Eindrücklicher hätte die Realität die Thesen Pinkers kaum bekräftigen können. Da Pinker zu den renommiertesten Intellektuellen der USA zählt, war seine Position gefestigt genug. Trotzdem geht von solchen Ausschlussversuchen eine unheilvolle Botschaft aus. Zu befürchten ist, dass künftig viele andere schon in vorauseilendem Gehorsam Selbstzensur üben und so das Recht der freien Meinungsäußerung umfassenden Schaden nimmt.

Inzwischen belegen vielfache Studien, dass die Hochschulen als Orte offener Debatten unter Druck stehen. Einschüchterungsversuche finden sowohl vonseiten der Rechten als auch vonseiten der Linken statt, wie Greg Lukianoff und Jonathan Haidt in *The Coddling of the American Mind* detailliert schildern. Linke Einschüchterungsversuche gehen dabei meist von etablierten Strukturen des Campus, von Klubs, Studentenvereinigungen und einzelnen Studierenden aus. Typischerweise laufen diese Proteste so ab, dass die Universitätsleitung zunächst auf eine »problematische« Veranstaltung hingewiesen wird, die das »Sicherheitsgefühl« von Studierenden bedrohe oder sie der Gefahr von »emotionalen Verletzungen« aussetze.

Sofern damit nicht unmittelbar eine Absage erreicht wird, so beschreiben Lukianoff und Haidt den charakteristischen Ablauf des Protests, »umfassen die Strategien das Blockieren des Eingangs, das Brüllen von Schimpfwörtern oder ›Schande, Schande, Schande‹-Rufen, gerichtet an mögliche Teilnehmer, das laute Schlagen an Türen und Fenster von außen und das Bestücken des Auditoriums mit Protestlern, die laut schreien oder Gesänge anstimmen, um den Redner am Sprechen zu hindern«. Proteste aus dem rechten Lager gehen hingegen häufiger von Akteuren außerhalb der Hochschulen aus und richten sich über orchestrierte Protestschreiben oder soziale Medien etwa an Fakultätsmitglieder, die den Zorn der Rechten auf sich gezogen haben und die einer Woge von Hass in ihren Mailboxen ausgesetzt werden.

Offenkundig ist, dass solche Versuche sowohl von rechts als auch von links eine freie Debattenkultur beschädigen. Doch auch hier belegen einschlägige Studien einen für progressive Kräfte schmerzhaften Befund: Insbesondere die Anzahl der Einschüchterungsversuche von links hat in den zurückliegenden Jahren deutlich zugenommen. So verweisen Lukianoff und Haidt auf die geradezu exponentiell ansteigenden Ausladungsversuche links motivierter Aktivisten, deren Aktionen um das Jahr 2012 massiv zunahmen und Störversuche von rechts etwa um den Faktor acht übertrafen.

Und es scheint, als könne das linke Lager damit aktuell deutlich stärkere Wirkung erzielen. So belegt eine aktuelle Studie zur Meinungsfreiheit an Universitäten in Großbritannien, dass rund ein Drittel der sich selbst als konservativ bezeichnenden Studentinnen und Studenten meint, die eigenen politischen Ansichten auf dem Campus nicht frei äußern zu können. Ein merkwürdiger Zustand in einem Land, das seit mehr als einer Dekade konservativ regiert wird. Studierende, die den Grünen zuneigen, scheinen von diesem Problem hingegen weitgehend unbelastet zu sein. Bei ihnen meinen nur 20 Prozent der Befragten, die eigene politische Meinung verbergen zu müssen. Zugleich sind Mehrheiten der Grünen-Anhänger davon überzeugt, ihre konservativen Kommilitonen könnten sich jederzeit frei äußern.

Für Aufmerksamkeit in Deutschland sorgte hier eine Studie von Matthias Revers und Richard Traunmüller, die im vergangenen Jahr die Frankfurter Goethe-Universität in den Blick nahm. Die Studie beruht auf einer Befragung von knapp 1.000 Studierenden. Der besorgniserregende Befund: Zwischen einem Drittel und der Hälfte aller Befragten waren der Auffassung, Redner mit abweichenden Meinungen etwa zu den Themen Islam, Gender und Migration seien an der Hochschule nicht zu dulden – weder als Gäste noch als Mitglied des Lehrkörpers. Ein gutes Drittel der angehenden Geisteswissenschaftler fand es zudem sinnvoll, Bücher mit solchen Auffassungen aus den Bibliotheken zu entfernen.

Auch ohne in Kulturpessimismus zu verfallen, ist angesichts solcher Befunde zu fragen, wie es um die Wirklichkeitswahrnehmung an Hochschulen steht. Wie kann ein Abwägen von Pro und Contra erfolgen, das die Grundlage jedes wissenschaftlichen Erkenntnisprozesses ist? Diversität wird im akademischen Diskurs immerfort propagiert. In Bezug auf Diversität der ideologischen und politischen Ausrichtung jedoch scheint sie ein rares Gut zu sein – nicht nur im geistes- und sozialwissenschaftlichen Bereich.

Untersuchungen des *Higher Education Research Institute* über die Zusammensetzung des Lehrkörpers an US-Universitäten belegen, dass sich der Anteil von Hochschullehrern, die sich als »konservativ oder weit rechts« bezeichnen, seit den 1990er-Jahren halbiert hat – auf nunmehr knapp über 10 Prozent. Der Anteil von Hochschullehrern, die sich selbst als »weit links oder liberal« bezeichnet, ist dagegen auf 60 Prozent angestiegen. Solche Zahlen bestätigen, dass sich in solchen progressiven Monokulturen tatsächlich keine ideologische Vielfalt mehr spiegelt.

Besorgniserregend ist dabei der Umstand, dass dieses Problem von maßgeblichen progressiven Akteuren an den Hochschulen bislang als solches gar nicht wahrgenommen wird. Bezeichnend ist in diesem Zusammenhang etwa die Reaktion der britischen *University and College Union* auf ein Anfang 2021 von der Regierung Johnson eingeleitetes Maßnahmepaket zur Verteidigung der freien Rede an Universitäten, das unter anderem Geldstrafen für Universitäten vorsieht, die No-Platforming Forderungen nachkommen. Anstatt die Vorschläge kritisch zu diskutieren – was im Hinblick darauf, dass diese Vorschläge von einem konservativen Regierungschef stammen, erwartbar und natürlich legitim gewesen wäre –, stellte die Union allein schon die Idee eines solchen Ansinnens infrage. Die größte Bedrohung der akademischen Freiheit gehe schließlich nicht von Mitarbeitenden und Studierenden aus »oder von der sogenannten ›Cancel Culture‹«, sondern von der »beruflichen Unsicherheit an Hochschulen«. Die Regierung solle sich um Wichtigeres kümmern als um die Bekämpfung von »Phantom-Bedrohungen«.

Nur wäre es ziemlich leichtsinnig, solch antifreiheitliche Tendenzen an den Hochschulen als Phantasmen oder nebensächliche Moden abzutun und darauf zu hoffen, sie würden sich im Laufe der Zeit von selbst erledigen. Das Gegenteil ist zu erwarten: keine Beschränkung auf den vermeintlichen Elfenbeinturm, sondern ein Schneeballeffekt, der auf andere Gesellschaftsbereiche übergreift, solange nicht auch progressive Kräfte diesen antifreiheitlichen Tendenzen ohne Scheuklappen entgegentreten statt sie zu befeuern.

Hannah Arendts Überlegungen zum Kampf um Bürgerrechte in den USA sind ein Hinweis darauf, welch entscheidende Rolle gerade die Hochschulen für langfristige gesellschaftspolitische Prozesse spielen. Insbesondere in den USA waren es schließlich die progressiven Studierenden an Universitäten wie Berkeley und Harvard, die mit ihrem Einsatz für die Redefreiheit und ihren Protesten unter anderem gegen den Krieg in Vietnam eine Welle der Liberalisierung auslösten. »Von diesen Anfängen und diesen Erfolgen folgte alles andere, das seither um die Welt gegangen ist«, fasst Arendt den Einfluss der jungen Bürgerrechtler zusammen.

Wenn sie mit dieser Beobachtung richtig liegt, ist es nicht übertrieben pessimistisch anzunehmen, den Trickle-down-Effekt von einst heute als Menetekel für eine uns bevorstehende entgegengesetzte Entwicklung zu betrachten. Denn, so warnt der amerikanische Rechtsanwalt und Publizist Alan Dershowitz: »Die progressiven Studenten von heute sind die repressiven Eliten von morgen.« Repressive Eliten aber werden sich weder durch Beschwichtigung noch durch willfährige Einschränkungen der freien Debatte oder »Safe Spaces« verhindern lassen, sondern nur durch eine Debattenkultur, die demokratische Werte und die Freiheit verteidigt und praktiziert. »Die Universitäten haben einen Erziehungsauftrag«, schreibt hierzu Amitai Etzioni in *Die Entdeckung des Gemeinwesens*. »Wenn Professoren ihren Studenten nicht klarmachen können, wie verwerflich Intoleranz, Vorurteile und Diskriminierung sind, brauchen sie eine Weiterbildung. Sie dürfen sich nicht aus der Verantwortung stehlen, indem sie Hassparolen verbieten, anstatt dem Hass zu Leibe zu rücken.«

Weniger Symptombehandlung, größeres Vertrauen in die Kraft des Arguments und in die Widerstandsfähigkeit künftiger Verantwortungsträger wären hier die angemessensten Schritte zur Verteidigung der Freiheit. Initiativen wie das Manifest des »Netzwerks Wissenschaftsfreiheit«, im Frühjahr 2021 als Zusammenschluss von zumeist – aber nicht nur – konservativen Lehrenden an deutschen Universitäten gegründet, um sich »allen Bestrebungen zu widersetzen, die Freiheit von Forschung und Lehre aus ideologischen Motiven einzuschränken«, verdienen deswegen die Unterstützung demokratischer Stimmen, nicht deren Spott. Zumindest in Teilen des progressiven Spektrums jedoch besteht das Echo bislang meist eher aus einer Kombination von Augenrollen und Kopfschütteln. In der *Süddeutschen Zeitung* etwa berichtet Paul Munzinger über die »mutige These« des »angeblichen Einknickens der Hochschulen vor dem linken Mainstream«. Noch mutiger als eine pauschale Selbstentlastung des progressiven Milieus wäre hier aber doch wohl die Bereitschaft zu einem selbstkritischen Blick in den Spiegel. Denn – auch das gehört zu den Besonderheiten der aktuellen Debattenführung – prominente Leidtragende der Cancel Culture sind mittlerweile immer häufiger eigentlich fortschrittliche Stimmen, die gerademal in Nuancen von Dogmen abweichen, die vor sechs Monaten noch nicht bestanden, und nicht tatsächliche Gefährder der Demokratie, die sich von der Mainstream Debatte ohnehin längst verabschiedet haben.

Soziale Medien und freie Rede

Auch in sozialen Medien scheinen die Zeiten umfassend freier Rede an ihr Ende zu kommen – überraschend zur Freude gerade manch eines vermeintlich besonders progressiven Beobachters. Die vielschichtigen Auswirkungen der digitalen Vernetzung werden in Kapitel 5 noch ausführlicher diskutiert. An dieser Stelle sei daher nur an den merkwürdig anmutenden Umstand erinnert, dass gerade die gesellschaftlichen Kräfte, die bislang staatliche Zensurbestrebungen und Einhegungen der Meinungsfreiheit durch private Akteure stets kritisch bewerteten, nun dazu übergehen, Einschränkungen der Meinungsfreiheit zu befürworten, sofern sie nur die vermeintlich Richtigen treffen.

In den USA etwa ist selbst in der *American Civil Liberty Union* ein Kulturkampf über die Frage ausgebrochen, welchen Stellenwert die Redefreiheit heute noch hat. Die 1920 gegründete Organisation hat sich mit ihren mehr als 1,2 Millionen Mitgliedern stets ihrem Gründungsauftrag verpflichtet gesehen, »die individuellen Rechte und Freiheiten zu verteidigen, die jeder Person durch die Verfassung und die Gesetze der Vereinigten Staaten garantiert sind«. Heute aber wird – vor allem von jüngeren Mitgliedern – zunehmend infrage gestellt, ob diese Mission noch Unterstützung verdient. So berichtet die *New York Times* verwundert, dass seit dem Amtsantritt Donald Trumps jeder dezidierte Hinweis auf »Redefreiheit« aus den Jahresberichten der Organisation getilgt wurde.

Das offensichtlichste Beispiel für dieses Umdenken in Teilen des progressiven Spektrums ist die Exkommunikation Donald Trumps, dessen Twitter-, Facebook-, Instagram- und Snapchat-Kontos im Anschluss an die Erstürmung des Kapitols gesperrt wurden. Der notorische Twitter-Account des *RealDonaldTrump* hatte im Moment der Sperrung 89 Millionen Follower und bleibt offenbar dauerhaft gesperrt. Manch ein progressiver Beobachter war hocherfreut über diese Entscheidung. In Anbetracht der geschmacklosen und oft faktisch falschen Botschaften, die Trump regelmäßig auf Twitter veröffentlichte, mag das durchaus nachvollziehbar erscheinen. Aber kritisch zu fragen ist schon, welche Art von Präzedenzfall hier geschaffen wird.

Das *Facebook Oversight Board* hat im Rahmen der im Juni 2021 verlängerten Zweijahressperre der Trump-Seite bereits angekündigt, dass sich politische Entscheidungsträger insgesamt auf ein schärferes Durchgreifen der Facebook-Zensoren einstellen müssen. Das aber sollte man sich auf der Zunge zergehen lassen: Die Mitarbeiter eines milliardenschweren Monopolunternehmens bestimmen, was demokratisch gewählte Entscheidungsträger sagen und schreiben dürfen? Ist die Zensur der Politik durch Medienunternehmen nicht mindestens so problematisch wie die Zensur von Medienunternehmen durch die Politik? Doch von beiden Praktiken kann manch ein ansonsten kritischer Geist aktuell merkwürdigerweise kaum genug bekommen.

Ja: Das Anliegen, gewaltverherrlichenden Inhalten und volksverhetzenden Verschwörungstheorien entgegenzutreten, ist so nachvollziehbar wie legitim. Nicht von ungefähr regelt in Rechtsstaaten das Strafrecht, wie damit umzugehen ist. Meinungsfreiheit bedeutet nicht, dass alle allzeit alles äußern dürfen, auch wenn rechte Trolle das vielleicht gern so hätten. Nicht zuletzt die islamistisch motivierten Terrorangriffe von Paris und Brüssel in den Jahren 2015 und 2016 haben hier zu einem Umdenken in vielen europäischen Staaten und entsprechenden rechtlichen Konsequenzen geführt. Regelungen zwingen Unternehmen wie Facebook und Twitter dazu, innerhalb von 24 Stunden Botschaften von ihren Seiten zu löschen, die als »Hass« markiert werden.

Doch die Auslagerung von Kontrollentscheidungen an die Betreiber sozialer Medienplattformen mag zwar naheliegend erscheinen, ist aber ein irreführender Ansatz. Auch wenn soziale Medien wie

Facebook durch Einrichtung von Gremien wie einem sogenannten *Facebook Supreme Court* und parlamentsähnlichen *Content Policy Foren* zunehmend rechtsstaatliche Mechanismen imitieren, bleiben sie profitgetriebene Akteure, für die der Einzelne lediglich als Datenlieferant, nicht aber als Inhaber von Rechten eine Rolle spielt. Das Resultat einer solchen Auslagerung ist nicht nur eine Imitation, sondern auch eine Limitation von Freiheit.

Problematisch ist zunächst der hohe Zeitdruck, der Unternehmen in der Regel dazu verleitet, eher zu restriktiv als zu nachlässig zu agieren. Hinweise auf die Anfälligkeit von Kontrollprozessen finden sich etwa aus dem Bereich des Urheberrechts. Hier, so zeigen Versuche in der Praxis, stellen sich Unternehmen aus Gründen der Risikovermeidung häufig pauschal auf die Seite des Klägers. Selbst Auszüge aus John Stuart Mills *On Liberty* – für die seit Jahrzehnten keine Copyrightrechte mehr gelten – wurden von Digitalunternehmen unhinterfragt gelöscht, sobald sie eine – substanzlose – Aufforderung hierzu erhielten.

Mindestens ebenso fragwürdig ist der Einsatz von Algorithmen, die Zensurschritte automatisiert vornehmen und den betroffenen Nutzern keinerlei Möglichkeiten einräumen, darauf zu reagieren oder Einspruch zu erheben. Es liegt in der Natur von automatisierten Prozessen der künstlichen Intelligenz, dass Humor, Ironie und Übertreibung nicht als solche identifiziert werden können. Weshalb aber werden solche »Lösungen« gerade von progressiven Stimmen so kritiklos gefeiert? Zumal dabei häufig übersehen wird, dass es eben schon heute nicht nur rechtspopulistische Agitation ist, die ins Visier der Automatismen gerät.

Am Tag nach der Kapitol-Erstürmung in Washington, D.C., etwa wurden nicht nur rechte Konten, sondern auch Antifa-Accounts mit zusammen mehr als 70.000 Twitter-Followern ohne weitere Einspruchsmöglichkeiten gelöscht. Ein Triumph der Freiheit? Nein, vielmehr ein weiterer Beleg dafür, dass gerade progressive Kräfte es sich dreimal überlegen sollten, Zensurprozesse zu beklatschen. Denn alles, was heute akzeptiert wird, weil es dem politischen Gegner vermeintlich schadet, könnte sich in Zukunft auch gegen fortschrittliche Stimmen richten.

Der Wert der freien Meinung

Niemand hat das Recht, in einem vollbesetzten Theater »Feuer!« zu schreien, lautet das Diktum des amerikanischen *Supreme Court*-Richters Oliver Wendell Holmes Jr. Die Gefahr einer Massenpanik wiegt schwerer als das unbeschränkte Recht auf freie Rede. Die Äußerung stammt aus dem Jahr 1919, doch sie ist auch heute noch ein oft zitiertes Beispiel dafür, dass die Rede niemals völlig frei sein kann, ohne dass sie in Unfreiheit umschlägt.

Gerade in Teilen der Rechten gerät das allzu häufig aus dem Blick. Dabei finden sich auch dort trotz aller verbreiteten Beschwörungen der freien Meinung höchst selten engagierte Verfechter des wirklichen *anything goes*. Hochverrat, Blasphemie, Pornographie, Ehrenrechte, Geheimnisverrat, Evolutions- oder *Critical Race*-Theorie – auch auf der Rechten gab und gibt es Zensurforderungen zuhauf, und das gilt auch für deutsche »Querdenker«, die auf ihren Demonstrationen das Recht der freien Meinungsäußerung ihrer Kritiker regelmäßig selbst mit Füßen treten.

Und, auch diese Wahrheit wird von Teilen der Rechten gern übersehen: Auch Proteste und Boykottaufrufe sind Bestandteile des Rechts auf freie Meinungsäußerung. Die Frage ist deshalb nicht, ob eine Grenze gezogen wird, sondern wo diese Grenze verläuft und welchen Schaden sie anrichtet.

»Die besondere Tücke im Unterdrücken von Meinungen liegt darin, dass es die Menschheit beraubt – und zwar noch stärker die Teile, die von der unterdrückten Meinung abweichen, als die, die die abweichende Meinung unterstützen«, schrieb schon John Stuart Mill. Diese Gefahr aber ist dann besonders virulent, wenn sich die Meinungsbeschränkung nicht wie in der Vergangenheit auf die Verteidigung traditioneller Lehren bezieht, sondern auf die Empfindlichkeiten von Einzelnen.

Galileo Galilei geriet im Jahr 1616 unter Druck, weil er, wie in der Anklageschrift der Glaubenskongregation festgehalten wurde, gegen die »katholische Wahrheit« und die »unfehlbaren Dogmen der Kirche« verstieß. Auch dies ist eine vage Unterstellung. Doch sie wirkt geradezu eindeutig im Vergleich zu aktuellen *De-Platforming*-Versuchen, in denen rein subjektiv definierte Einwände Einzelner zur Grundlage für Sprechverbote erklärt werden.

Sicher: Rücksichtnahme – auch rhetorischer Art – ist eine Tugend. Doch sie taugt nicht als Richtschnur für gesellschaftliche Debatten, wenn sie mit grundsätzlicheren Werten wie etwa dem Ideal der Wahrheitsfindung in Konflikt gerät. Wenn die Möglichkeit zur Diskussion künftig stets von der Zustimmung noch der empfindlichsten Individuen abhängig gemacht wird, ist das keine Garantie für Fairness und Rücksichtnahme, sondern eine für die Unterdrückung unliebsamer Debatten.

Die Unfehlbarkeit, die in der Zensurpraxis des Mittelalters auf die Lehren der katholischen Dogmatik und seit 1870 auch auf die Person das Papstes ausgerichtet war, würde auf eine Weise verabsolutiert, dass am Ende die vermeintliche Unfehlbarkeit *aller* zu berücksichtigen wäre. Die Folge wäre eine hochgradig kodierte Sprache maximaler Uneindeutigkeit, die sowohl die logisch-rationale Erfassung als auch die konkrete politische Gestaltung der Wirklichkeit behindert.

Meinungsfreiheit ist das Betriebssystem einer demokratischen Gesellschaft, sie ist nicht nur Ergebnis, sondern auch Voraussetzung der Demokratie. Eine Abriegelung des »freien Marktplatzes der Ideen« hätte deshalb fatale Konsequenzen nicht nur für diejenigen Stimmen, die aktuell im Namen der emotionalen Sicherheit, »der Wissenschaft« oder einer unterstellten »problematischen« Sprecherperspektive unterbunden werden, sondern letztlich auch für diejenigen, die von der Macht des Knebels nun aus den vermeintlich besten Gründen so wenig zögerlich Gebrauch machen.

Das Fundament jeder wissenschaftlichen Wahrheitsfindung ist die Annahme, dass sich vermutete Gewissheiten im Laufe des wissenschaftlichen Prozesses als falsch erweisen können. Vor diesem Hintergrund mahnte Karl Popper in *Die offene Gesellschaft und ihre Feinde*, dass der Widerstreit von Versuch und Irrtum wesentlich für den Diskurs bleiben müsse. Denn am Ende auch der wohlmeinendsten Unterbindung von Kritik an vermeintlichen Wahrheiten steht nicht die größere Überzeugungskraft der verteidigten Position, sondern nur noch eine autoritäre Doktrin. John Stuart Mill beschrieb dies als Gegensatz von lebendiger Wahrheit und »totem Dogma«, der daraus resultiere, dass Überzeugungen nicht mehr »umfassend, häufig und furchtlos« hinterfragt werden dürfen.

Das scheinbare Paradox lautet: Ein *Cordon sanitaire* gegen abweichende Meinungen stärkt nicht die Kraft der Wahrheit, sondern bewirkt langfristig die ideologische Sklerose. So betrachtet ist jeder Sieg der *Cancel Culture* ein dialektisches Eigentor. Welche Folgen enger werdende Meinungsspektren mit sich bringen, zeigen die aktuellen Krisenreaktionsmuster von COVID- und Migrations- bis zur Eurokrise. Gerade unter Bedingungen der totalen Vernetzung benötigen ausgewogene politische Entscheidungen den Abgleich mit Zweifel und fundamental unterschiedlichen Perspektiven, um nicht vorschnell den Versuchungen des Gruppendenkens zu erliegen.

Eine zu stark eingeschränkte Kultur der Meinungsäußerung ist eine Belastung nicht nur für die Qualität der Debatte, sondern auch für die Qualität politischer Entscheidungen. Denn je stärker auch abweichende Meinungen im politischen Prozess berücksichtigt werden, desto legitimierter und informierter sind die getroffenen Entscheidungen. Diversität, nicht Homogenität der Meinungen führt zu politisch umsichtigem Verhalten. Und erst Diversität verhindert einen verhängnisvollen Tunnelblick. Schwarmverhalten ist das exakte Gegenteil freiheitlich demokratischer Deliberation. Statt Gleichschritt benötigt eine konstruktive Debatte Widerspruch, Stolpersteine und auch Temposchwellen, die nicht eingeebnet, sondern ausgebaut gehören. Nicht zuletzt das ist der Grund, weshalb auch Barack Obama stets die Auffassung vertrat, »die stärkste Waffe gegen Hate Speech« sei nicht Unterdrückung, sondern »more speech«.

Die Meinungsfreiheit als zentraler gesellschaftlicher Wert wird genau aus diesem Grund auch in der allgemeinen Erklärung der Menschenrechte aus dem Jahr 1948 gefeiert: »Jeder Mensch hat das Recht auf freie Meinungsäußerung. Dieses Recht umfasst die Freiheit, Meinungen unangefochten anzuhängen und Informationen und Ideen mit allen Verständigungsmitteln ohne Rücksicht auf Grenzen zu suchen, zu empfangen und zu verbreiten.«

Die Frauen und Männer, die, geprägt von den Schrecken der faschistischen Diktaturen und des Weltenbrandes, diese noblen Prinzipien zu Papier brachten, wussten genau, was sie taten. Bei all jenen Stimmen aber, die heute mit den vermeintlich besten Absichten einer Einschränkung der freien Debatte das Wort reden, ist das alles andere als sicher.

Kapitel 5
Freiheit und die digitale Gesellschaft

Als James Watt 1776 in Cornwall die ersten Dampfmaschinen in Betrieb nahm, konnte er schwerlich die Entstehung eines Industrieproletariats voraussehen. Noch weniger den demokratischen Zentralismus, die Gewerkschaftsbewegung oder den durch CO_2-Ausstoß ausgelösten Klimawandel. Und wie hätte zehn Jahre später – 1786 – eine Zwischenbilanz der einsetzenden Industrialisierung zum Beispiel in Bezug auf politische Partizipationsmöglichkeiten und die Gleichstellung der Geschlechter ausgesehen?

Was für die industrielle Revolution zutrifft, gilt für die digitale Revolution in Potenz. Es ist zu früh für verlässliche Prognosen. Die Geschwindigkeit der Entwicklung nimmt immer noch zu, und immer neue Bereiche werden erfasst. Digitalisierung, das ist heute nicht mehr nur die schon so vertraut erscheinende Revolution in der Kommunikation, sondern die Technologisierung des Lebens auf jeder Ebene. Vier Milliarden Menschen sind heute vernetzt – darunter allein zwei Drittel der jungen Generationen weltweit.

Dabei umfasst die Vernetzung längst auch die Welt der Maschinen. Geschätzte rund 60 Milliarden Geräte sind im »Internet der Dinge« miteinander verbunden – vom »smarten« Kühlschrank über Hochgeschwindigkeitszüge und Flughäfen bis zu Kernkraftwerken und industriellen Produktionsanlagen. Die Auswirkungen der Vernetzung sind paradox: Denn je umfassender die Digitalisierung in unser Leben eingreift, desto unsichtbarer wird sie. Die Vorstellung, dass Vernetzung heute noch von der Frage abhängt, ob und in welchem Ausmaß wir auf die Displays unserer »mobilen Endgeräte« schauen, ist zunehmend anachronistisch.

Auf der Habenseite dieser Entwicklung stehen massive Effizienzgewinne und einzigartige Wahlmöglichkeiten. Auf der Sollseite der Verlust von Privatheit, die Akzeptanz allgegenwärtiger digitaler Spuren, von Bewegungsmustern über Nutzerprofile bis hin zum umfassenden Abgreifen von Daten, was mittlerweile auch das Auslesen physiologischer Körperfunktionen beinhaltet. Analoge Erlebnisse werden dabei in immer größerem Maßstab durch digitale Erfahrungen ersetzt – mit langfristig kaum absehbaren Folgen. Fördert das digitale Dasein menschliche Offenheit, oder ist das Gegenteil die Konsequenz: ein chauvinistischer Backlash gegen eine Welt, die als zunehmend entgrenzt und ordnungslos wahrgenommen wird?

Auch bleibt bislang unklar, welche Auswirkungen die Digitalisierung auf die menschliche Psyche hat, auf unsere Fähigkeit zur Empathie und zur Solidarität. Gerade in der Pandemie mit der erzwungenen Abdrängung umfassender Teile unseres Lebens in den digitalen Raum stellen sich diese Fragen mit erhöhter Dringlichkeit. Denn der Fallout der Pandemiereaktion wurde durch die Digitalisierung schließlich nicht nur abgefedert, sondern in diesem Maße überhaupt erst möglich.

Doch Digitalisierung erhöht nicht nur die Effizienz, sondern macht unsere hochkomplexen Gesellschaften auch fragiler und schafft neue Risiken. Cyber-Attacken auf kritische Infrastrukturen und nicht zuletzt die so bedrohlich wie verlockenden Versprechungen der Künstlichen Intelligenz gelten vielen bisher noch als Phantasma. Aber ist nicht der Ausbruch der Coronapandemie ein Hinweis darauf, dass gerade das als unwahrscheinlich und übertrieben Erscheinende manchmal realistischer ist als angenommen?

Die Politik hat auf die vielfältigen Effekte der digitalen Revolution in westlichen Staaten bislang eher zurückhaltend reagiert – jedenfalls was Kontrollversuche anbelangt. Sicher gab es Bemühungen, offensichtlich negative Auswirkungen abzufedern. Doch im Grundsatz waren die ersten Jahrzehnte der digitalen Revolution geprägt von *Laissez-faire*. »Finger weg!«, lautete die freiheitliche Devise der Digitalpioniere und ihrer politischen, vom Fortschritt beseelten Unterstützer. Heute dreht sich die Debatte. Doch wendet sie sich in die richtige Richtung?

In seinem Klassiker *Die Furcht vor der Freiheit* analysiert Erich Fromm die »Machtlosigkeit und Unsicherheit des isolierten Individuums in der modernen Gesellschaft«. Das Wegbrechen von »allen Beziehungen, die einst Sinn und Sicherheit vermittelten«, führt für Fromm zu einer »Flucht von der Freiheit« und letztlich in absolute Abhängigkeit des existenziell verunsicherten Individuums. Die Befürchtung Fromms klingt auch heute noch aktuell. Doch in Zeiten der Digitalisierung ist mittlerweile eben *auch* zu fragen, wie der Machtlosigkeit und der Unsicherheit des Individuums nicht unter den Bedingungen der totalen Isolation, sondern der totalen Vernetzung zu begegnen ist, die »Beziehungen, die einst Sinn und Sicherheit vermittelten«, eben auf ihre ganz eigene Art infrage stellt.

Die Myriaden von Konsequenzen der »vierten Industriellen Revolution« (Klaus Schwab) auf das Ideal der Freiheit lassen sich im Rahmen eines essayistischen Zwischenrufs natürlich kaum erschöpfend abhandeln. Grundlegende Verwerfungen allein auf dem Arbeitsmarkt sind aktuell zwar zu erwarten, doch zugleich in ihrer Wirkung nicht abzusehen. Werden technische Entwicklungen der Digitalisierung zu einer immer weitreichenderen Befreiung des Menschen von der Arbeit führen und dabei indirekt demokratische Strukturen destabilisieren? Seit der amerikanischen Revolution beruht die »Regierung des Volkes, durch das Volk, für das Volk« (Abraham Lincoln) schließlich auf dem Prinzip der autonomen Staatsbürger, die eine Regierung berufen, und nicht auf der Idee einer Regierung, die ihre Bevölkerung alimentiert. Doch wird sich die Umkehrung des revolutionären Slogans der US-Unabhängigkeitsbewegung »No Taxation without Representation« (Keine Besteuerung ohne Vertretung) – nämlich keine demokratische Mitbestimmung ohne Besteuerung – langfristig abwenden lassen?

Hier ist es zu früh für Prognosen. Doch angesichts der bislang zu beobachtenden Konsequenzen auf dem schon heute massiv umgewälzten Feld der Kommunikation darf von extrem ambivalenten Konsequenzen ausgegangen werden. Diskutiert werden soll deshalb auf den folgenden Seiten in erster Linie die Frage, in welcher Art und Weise die Digitalisierung der Kommunikation auf das Ideal der Freiheit durchschlägt. Dabei geht es insbesondere um die Frage, wie die freiheitspolitischen Vorteile der digitalen Revolution beibehalten werden können, ohne dass auf eine demokratische Steuerung der Entwicklung verzichtet wird.

Die Euphorie der Digitalisierung

Vor gut 25 Jahren, also vor einer Ewigkeit, galt die Digitalisierung als Instrument des Guten. Sie würde nicht nur autoritäre Strukturen überwinden, sondern auch Individuen im Prozess der Selbstverwirklichung unterstützen. »Das Internet fördert Demokratie, individuelle Freiheit und die Ermächtigung des Einzelnen«, erklärte 1998 Ira Magaziner, Internet-Berater der Clinton-Regierung. Solche euphorischen Einschätzungen waren damals an der Tagesordnung.

In der »Unabhängigkeitserklärung des Cyberspace«, nur zwei Jahre zuvor in Davos veröffentlicht, erschien die Digitalisierung geradezu als Umsetzung des freiheitlichen Ideals selbst. Die Erklärung proklamierte die Unantastbarkeit des *World Wide Web* und rief den Regierungen der Industriegesellschaften – den »müden Riesen aus Fleisch und Stahl« – zu: »Ihr habt keine Souveränität, wo wir uns versammeln!« Das Internet als Pionier des Aufbruchs und der Befreiung von den Fesseln des Raumes und der Zeit – das war damals das Heilsversprechen, und im Silicon Valley konnte sich dieser Ansatz seit den 1990er-Jahren zur »kalifornischen Ideologie« (Richard Barbrook, Andy Cameron) verdichten.

Noch zu Beginn der 2010er-Jahre schienen nicht zuletzt die Ereignisse des »Arabischen Frühlings« das revolutionäre Befreiungspotenzial gerade sozialer Medien zu belegen. Zur selben Zeit errangen die Piratenparteien, die sich explizit als Avantgarde der digitalen Informationsgesellschaft verstanden, erste spektakuläre Wahlerfolge. Und gelang nicht auch US-Präsident Obama sein Wahltriumpf 2008 durch den gezielten Einsatz modernster, zielgenauer Kampagnen in den sozialen Medien? Wer den Anschluss an diese Entwicklung verpasste, sah plötzlich ziemlich alt aus. Heute aber sind die Piratenparteien kaum mehr als eine Fußnote der jüngeren Geschichte, die Resultate des »Arabischen Frühlings« ernüchternd bis katastrophal und erfolgreiche Facebook-Wahlkämpfe eine vermeintliche Spezialität von Trump & Co., wenn nicht von sinistren ausländischen Mächten.

Von der anfänglichen Euphorie in Bezug auf die Möglichkeiten der Digitalisierung kann heute also kaum mehr die Rede sein – zumindest nicht in progressiven Kreisen. Ja, auch hier wird etwa in Wahlkämpfen nach wie vor ein schnelleres Internet oder eine bessere Mobilfunkabdeckung in Aussicht gestellt. Doch wesentliche Aspekte einer staatlich nicht kontrollierten Digitalisierung – so scheint es – werden heute in ihrer politischen Dimension in dem Maße als toxisch erachtet, in dem sie zuvor als Heilsbringer gefeiert wurden. Die Ursachen hierfür sind komplex, doch sie können emblematisch mit drei konkreten Namen verbunden werden: Donald Trump, Nigel Farage, dem Treiber des Brexit-Referendums, und dem chinesischen Staatschef Xi Jinping.

Das chinesische Menetekel und die digitale Ernüchterung

Wenn es möglich wäre, George Orwells *1984* mit Aldous Huxleys *Brave New World* zu kombinieren, wäre das Resultat in mancherlei Hinsicht eine recht erfolgreiche Annäherung an die Realität im heutigen China. Im Zuge der Digitalisierung wurde dort unter Führung der kommunistischen Partei ein weltweit und historisch einzigartiges Überwachungssystem installiert. Die Digitalisierung des Alltags, die Vernetzung von Daten und die weitgehende Abwesenheit von Datenschutznormen für staatliche Behörden münden dort in einen Zustand der immer totaleren Überwachung. Hunderte von Millionen von öffentlichen Überwachungskameras registrieren Bewegungsabläufe und persönliche Kontakte. Smartphones dienen nicht mehr nur als Kommunikationsmittel, sondern – wie etwa Berichte der BBC aus

Xinjiang nahelegen – auch als umfassendes Instrument der staatlichen Kontrolle. In »smarten Städten« geben an Haustüren angebrachte QR-Codes Auskunft über die jeweiligen Bewohner.

Insbesondere das in der Volksrepublik eingeführte und seit einigen Jahren mit Hochdruck vorangetriebene digitale soziale Kreditsystem, mit dem das Verhalten der Bevölkerung überwacht wird, erinnert an einen totalitären Wunschtraum. Das vielschichtige System bewertet das Alltagsverhalten von Menschen und Unternehmen und berücksichtigt nicht nur das Betragen etwa im Straßenverkehr, sondern auch die geschäftliche Zahlungsmoral. Bei Lancierung des Systems im Jahre 2011 beschrieb der damalige Premier Wen Jiabao das System als »gute moralische Garantie für die Reform und Entwicklung der sozialistischen Wirtschaft, Politik, Kultur und Gesellschaft«.

In China selbst belegen Umfragen, dass das System offenbar durchaus populär ist. Und selbst in Deutschland finden sich mittlerweile Stimmen, die die Übernahme eines solchen Punktesystems positiv bewerten. Eine Umfrage der Versicherungsgruppe Ergo aus dem September 2019 verweist darauf, dass ein solches staatliches Sammeln von Informationen über Einzelpersonen in der Altersgruppe der 18- bis 30-Jährigen von immerhin 23 Prozent der Befragten für gut befunden würde.

In China wurden die Menschen »harmonisiert«, fasst der langjährige China-Korrespondent der *Süddeutschen Zeitung*, Kai Strittmatter, seinen als Buch erschienenen Bericht *Die Neuerfindung der Diktatur* zusammen. Noch im Jahr 2000 witzelte US-Präsident Clinton, chinesische Versuche, das Internet zu kontrollieren, glichen dem Bemühen, »einen Wackelpudding an die Wand zu nageln«. Heute witzelt niemand mehr – zumindest nicht ungestraft. Und der Pudding hängt und hängt.

Eine fatale Auswirkung dieses Ansatzes der totalen staatlichen Digitalisierung ist die Vorbildfunktion für andere, vor allem wenig demokratische, Regime. Weshalb auch sollten autoritär beseelte Regierungen von Pjöngjang bis Teheran das Absaugen wichtiger Daten nach Kalifornien hinnehmen, anstatt sie für eigene Zwecke zu nutzen? Und schwingt nicht auch in dem einen oder anderen westlichen Medienbericht aus dem Reich der Mitte Bewunderung für die Effizienz eines solchen digital maximal aufgerüsteten Staats mit?

In China, so scheint es, erleben wir den Triumph eines digitalen kapitalistischen Leninismus, der den entschieden geglaubten Systemwettbewerb zwischen Freiheit und Autoritarismus mit ganz neuen Vorzeichen versieht. Der israelische Historiker Yuval Noah Harari spekuliert in seinen *21 Lektionen für das 21. Jahrhundert* über die Auswirkungen, die der Einsatz von *Big Data* und Künstlicher Intelligenz auf die Zentralisierung von Informationen und die Überlebensfähigkeit autoritärer Gesellschaften haben könnte. »Am Ende des 20. Jahrhunderts waren Demokratien Diktaturen überlegen, weil sie über stärkere Datenverarbeitung verfügten«, meint Harari. »Diktaturen horteten Informationen, doch niemand hatte die Fähigkeit, die Daten schnell genug zu analysieren und die richtigen Schlussfolgerungen zu ziehen. Künstliche Intelligenz könnte das Pendel in die entgegengesetzte Richtung schwenken«. Das aber hätte gravierend negative Auswirkungen auf die Zukunft der Freiheit als globalem Gut – gerade in einer Situation wachsender geopolitischer Rivalitäten.

Doch während Digitalisierung in China so bestimmt wie effizient für die Kontrollzwecke eines immer weiter erstarkenden zentralistischen Staats genutzt wird, sind in westlichen Demokratien aktuell augenscheinlich eher die Folgen einer digitalen Kernschmelze zu beobachten. Kein Zweifel: In westlichen Gesellschaften hat die Digitalisierung für den Einzelnen fantastische Möglichkeiten geschaffen, die auch die individuelle Freiheit erweitern. Doch zum differenzierten Bild gehört zugleich: Der Ermächtigung des Einzelnen entspricht auch eine gestiegene Abhängigkeit von technischen Anwendungen, an die wir immer weitreichendere Kompetenzen delegieren. So ist aktuell doch ziemlich fraglich, ob am Ende dieser Entwicklung zum *Homo digitalis* noch ein selbstbestimmtes Individuum steht oder eher ein so beeinflussbares wie hilfloses Bündel an Unmündigkeit, das eben nicht *in the loop* ist, sondern unterm Rad.

Problematisch ist hierbei insbesondere die Rolle einer Handvoll von US-Unternehmen, deren Machtfülle immer weiter zunimmt. Die COVID-Pandemie und der mit ihr verknüpfte digitale Quantensprung haben diese Entwicklung noch verstärkt. Allein die sogenannten *Big Five* der Digitalwirtschaft – die »Ostindienkompanien des Internets« (Niall Ferguson) – haben eine historisch einmalige Position erlangt: Es sind Amazon, Google, Apple, Facebook und Microsoft und nicht die Regierungen, die im Westen bislang die Dividende der Digitalisierung einfahren. Getragen wird ihr Erfolg dabei bekanntlich nicht von Zwang, sondern von der freiwilligen Einwilligung von Abermillionen von Kunden, für die die Nutzung der Produkte der genannten Konzerne eben keine Reduktion von Wahlentscheidungen, sondern eine Vervielfältigung von vorhandenen Optionen ist.

Die Digitalisierung hat dabei neue soziale Netzwerke geschaffen, die an etablierten Hierarchien vorbeilaufen und diese oft auch ganz konkret ausstechen. Unternehmensvorstände, Parteizentralen, Chefredaktionen – keiner dieser traditionellen Gatekeeper kann es mit der Reichweite aufnehmen, die auch nur ein einziges virales Video eines schnell redenden TikTok-Helden generiert. Es ist deshalb kaum überraschend, dass die ehemaligen Schaltstellen gesellschaftlicher Entscheidungen über diese Entwicklung nicht immer begeistert sind.

Zwar werden die Chancen der Vernetzung von progressiven Aktivisten auch weiterhin gern genutzt und gefeiert, wenn es etwa um die Bekämpfung des Klimawandels oder um die Organisation von Protesten gegen Polizeigewalt geht. Doch erscheint die Möglichkeit, Projekte oder Kampagnen *bottom-up* auch abseits etablierter Mittlerorganisationen zu verwirklichen, inzwischen manch einem als ein zweischneidiges Schwert. Denn wurde nicht der Sturm auf das Kapitol in Washington mit Messenger-Apps und Kurznachrichtendiensten orchestriert? Und was ist mit all den Querdenkern, die in den sozialen Medien höchst aktiv sind – von ISIS-Islamisten und russischen »Trollfarmen« ganz zu schweigen?

In der Rückschau erscheinen insbesondere der Erfolg der Trump-Kampagne 2016 und das von Nigel Farage organisierte Ja zum Brexit als Wendepunkt hinsichtlich der bis dahin auf der Linken meist wohlwollenden Bewertung der Digitalisierung in der politischen Kommunikation. Beide Ereignisse wurden als Schock wahrgenommen, sie wurden mit *Fake News*, Echokammern und einem Dammbruch von »Hass und Hetze« assoziiert.

Hinter dieser Wende steht ein umfänglicher Rollentausch zwischen West und Ost: Während die Digitalisierung in China ursprünglich mit Skepsis betrachtet wurde und im *Great Firewall of China* mündete, war die westliche Sicht auf das Internet von Demokratisierungshoffnungen geprägt. Heute hingegen schätzt die Kommunistische Partei Chinas die Digitalisierung als Mittel zur perfekten Kontrolle. In westlichen Gesellschaften hingegen wird sie insbesondere in progressiven Kreisen als disruptive Kraft diskutiert, die nun, wie im chinesischen Ansatz durchexerziert, deutlich stärker an die Kandare genommen werden muss.

Ist es nicht tatsächlich an der Zeit, die Digitalkonzerne zu zähmen oder zu zerschlagen, wie die demokratische Präsidentschaftskandidatin Elizabeth Warren forderte? Müssen Internetanbieter nicht endlich haftbar gemacht werden für die auf ihren Seiten zum Ausdruck gebrachte Aufwiegelei? Müssen die Zügel hier nicht straffer gezogen werden, um das Netz unter Kontrolle zu bringen? Die öffentliche Meinung – so scheint es – hat hier mittlerweile zu einer klaren Position gefunden. Eine YouGov-Umfrage von 2019 belegt, dass zwei Drittel der US-Amerikaner eine Zerschlagung von Google, Amazon & Co. befürworten und Fusionen wie die zwischen Facebook und Instagram rückgängig machen möchten. Die Befürwortung dieser Maßnahmen zieht sich durch sämtliche politische Lager, doch ist sie im sehr liberalen Spektrum besonders stark.

Die gefühlte Gefahr der Digitalisierung

Die aktuelle Diskussion um Risiken und Nebenwirkungen der Digitalisierung beruht zumindest zum Teil auf Mutmaßungen und prominenten Einzelbeispielen statt auf einer umfassenden Bestandsaufnahme.

Denn Daten sind zwar vorhanden, aber sie befinden sich aufgrund der Kommerzialisierung der Digitalisierung in privater Hand. Die Konsequenz davon ist, dass Wissenschaft und Politik keinen umfassenden Einblick in entscheidende Aspekte haben und ihre Antworten auf Grundlage mehr oder weniger geschätzter Informationen formulieren.

Niemand wird ernsthaft bestreiten, dass die durch die Digitalisierung verursachte Beschleunigung des politischen Diskurses, die Verlagerung von politischen Debatten in vermeintlich geschützte private Messenger-Gruppen und das Schwinden der Reichweite traditioneller Medien gravierende Auswirkungen darauf hat, wie Menschen miteinander politisch kommunizieren. »Die Kultur der Sichtbarkeit des Internets prämiert die Differenz«, meint hierzu Andreas Reckwitz. Und gerade die inhärenten Regeln der sozialen Medien führen dazu, dass das knappe Gut der Aufmerksamkeit Inhalten zuteilwird, die das größte Eskalationspotenzial aufweisen. Jonathan Haidt vergleicht deshalb die politischen Debatten in sozialen Medien mit einem »Gladiatorenzirkus«, in dem das Ausfechten von Unterschieden vor Publikum wirkliche Verständigung nahezu unmöglich macht.

Die Auswirkungen dieser Kommunikationskultur lassen sich – so der Konsens – täglich besichtigen. Die bekannte Diagnose lautet: Die Gesellschaften zerfallen in Echokammern, Filterblasen, sich stetig weiter radikalisierende Untergruppen, zwischen denen ein Austausch weder möglich noch gewünscht ist. Der Gemeinsinn und Solidarität gehen dabei verloren. Am Ende steht eine neotribalistische Gesellschaft, die statt in religiöse Konfessionen nun in ideologische Stämme aufgesplittert ist. Im April 2021 warnte die *New York Times* gar vor einem neuen »Sectarianism«, wobei die USA in Analogie zu den Konfessionskriegen des Nahen Ostens in feindlich gegenüberstehende politische Glaubensgruppen zerfallen.

Sicher sind Filterblaseneffekte und Rückkopplungsschleifen eine Belastung. Doch über diesen allgemeinen Befund hinaus darf bezweifelt werden, ob die Lage tatsächlich so historisch einzigartig problematisch ist. Ist die gegenwärtig beklagte Polarisierung der Gesellschaft heute wirklich stärker ausgeprägt als in der Vergangenheit – etwa in Zeiten, in denen feudalistische Standesunterschiede, die Exzesse des Manchester-Kapitalismus oder totalitäre Ideologien von links und rechts die Menschen gegeneinander in Stellung brachten? Hier sind dann doch Zweifel angebracht. Rassismus, Kolonialismus, die Unterdrückung der Frauen und der Arbeiterschaft, religiöse Hetze – all das prägte über Jahrhunderte menschliches Zusammenleben. Und zwar bekanntlich lange vor der Einführung des »Like«-Buttons von Facebook.

Die Frage lautet also, ob die aktuell so apodiktisch mit der Digitalisierung in Verbindung gebrachten Nachteile die emanzipatorischen Gewinne der Digitalisierung tatsächlich so weit aufheben, dass es für progressive Kräfte gerechtfertigt ist, sich von einer wohlwollenden Bewertung der digitalen Kommunikation abzuwenden. Wie brisant und gefährlich ist die gegenwärtig beschworene unheilige Dreifaltigkeit von Echokammern, *Fake News* und *Hate Speech*, wenn man nicht prominente Einzelfälle betrachtet, sondern das Gesamtvolumen der Kommunikationsströme?

Auch wenn Extremfälle das Bild der digitalen Kommunikation in der Öffentlichkeit immer wieder negativ einfärben, fällt die wissenschaftliche Bilanz der aktuellen Kommunikationsforschung dazu differenziert aus und ist kein Anlass zu allzu pauschalem Daumensenken. »Das Vertrauen auf ungetestete landläufige Meinungen, die auf Laientheorien beruhen, führt zu fehlgeleiteten Reformen, die das Problem verschlimmern«, warnen etwa Nathaniel Persily und Joshua A. Tucker, Direktoren des Cyber Center der Stanford University und des Center for Social Media der New York University, in einer aktuellen Bestandsaufnahme zur Bedrohung der Demokratie (*Social Media and Democracy*, 2020).

Beispiel Filterblasen: Prominente Einzelbeispiele scheinen zu belegen, wie wirkmächtig sie sind. Schon der ehemalige US-Präsident Barack Obama warnte expressis verbis vor von Algorithmen erstellten »Blasen«. Diese seien »ein Grund, weshalb Politik jetzt so polarisiert ist«. Auf den ersten Blick klingt das plausibel. Sozialer Friede beruht auch auf vergleichbaren Erfahrungshorizonten, die über Unterschiede hinweg soziale Gemeinsamkeiten erzeugen. Wie schafft man Gemeinsinn in einem Flickenteppich abgegrenzter Meinungsbiotope?

Doch Plausibilität ist nicht identisch mit Faktizität. Tatsächlich existieren bislang kaum Studien, die die so routiniert beklagten Filterblaseneffekte exakt nachweisen. Das liegt aber nicht so sehr an der Verschwiegenheit der Digitalkonzerne, die ihre Algorithmen unter Verschluss halten, um Manipulationen zu unterbinden. Vielmehr legen es vorhandene Studien nahe, das Narrativ von Echokammer und Polarisierung zumindest zu relativieren. In einer Untersuchung in 28 europäischen Ländern konnten die beiden amerikanischen Wissenschaftler An Nguyen und Hong Tien Vu 2019 zeigen, dass sich das Ausmaß der Polarisierung bei Online-Nutzern politischer Nachrichten nicht signifikant von demjenigen bei Nutzern unterscheidet, die um soziale Medien einen Bogen machen. Zumindest, so die vorsichtige Interpretation solcher Ergebnisse, trägt die digitale Vernetzung hier keine Alleinschuld an gesellschaftlicher Fragmentierung. Im Gegenteil: Es finden sich sogar Hinweise darauf, dass Nutzer sozialer Medien einem pluralistischeren Meinungsspektrum ausgesetzt sind als sich rein offline informierende Leser. Die Digitalisierung – so der Schluss – führt in der Breite eben nicht zwangsläufig zu Echokammern, sondern sie kann in nicht wenigen Fällen das Spektrum der Meinungen und Wahrnehmungen erweitern.

Eine Ursache hierfür liegt darin, dass wir über soziale Medien überproportional mit Menschen vernetzt werden, deren Lebenswelten sich von unserer eigenen und der unseres unmittelbaren sozialen Umfelds unterscheiden. Gerade diese als *weak ties* bezeichneten Kontakte spielen als entfernte Bekannte in unserer digitalen Wirklichkeit eine viel größere Rolle, als dies in der analogen Realität der Fall ist. Über sie aber erhalten Nutzer politische Impulse, die eigene ideologische Überzeugungen infrage stellen. »Einige Menschen mögen in segregierten Online-Enklaven leben«, fassen Persily und Tucker den aktuellen wissenschaftlichen Kenntnisstand zusammen, »doch sie scheinen einen sehr viel kleineren Teil der Bevölkerung auszumachen als erwartet.«

Beispiel *Hate Speech*: Kaum jemand wird den typischen Debattenverlauf auf Twitter ernsthaft als beispielhaft für ein gutes Gespräch bezeichnen wollen. Die Selbstgerechtigkeit wird in der Regel nur noch übertroffen von nahezu grenzenloser Bereitschaft, das Schlechteste anzunehmen und selbst grundlegende Regeln des Anstands zu ignorieren. Doch wie verbreitet ist strafrechtlich relevanter Hass in sozialen Medien tatsächlich?

Einerseits berichten Nutzer länderübergreifend von diskriminierender Hetze. In Deutschland beklagten 2017 rund 31 Prozent der Nutzer »Hass im Netz«, in Großbritannien 39 und in den USA gar 53 Prozent der Befragten. Das sind bedrückende Zahlen, und sie dürften seitdem eher zugenommen haben. Andererseits ist die Evidenz von *Hate Speech* jenseits prominenter anekdotischer Fallbeispiele umstritten. Das aber nicht nur, weil Hass nicht immer eindeutig zu definieren ist, sondern auch weil unklar ist, in welchem Verhältnis problematische Äußerungen zu unproblematischen stehen. Doch wie in Kriminalitätsstatistiken macht es eben einen Unterschied, ob im Schnitt in jede zweite oder in jede hunderttausendste Wohnung eingebrochen wird.

Die Daten, die erfasst werden können, verweisen hier überraschend auf ein eher seltenes Vorkommen von Hassbotschaften im Netz. Der Anteil von *Hate Speech* etwa auf Twitter betrage »sogar an den schlimmsten Tagen nur einen Bruchteil von 1 Prozent«, beschreibt etwa Alexandra A. Siegel von der University of Colorado den aktuellen Kenntnisstand. Eine für Äthiopien durchgeführte Untersuchung von Facebook-Posts bezifferte den Anteil von Hassbotschaften auf gerade einmal 0,4 Prozent.

Angesichts solcher Zahlen lässt sich bezüglich der Debatte über *Hate Speech* der merkwürdige Umstand konstatieren, dass die Nutzer sozialer Medien sich zwar zu einem beträchtlichen Teil als Opfer von Hass sehen, dieser Hass aber empirisch nicht in vergleichbarer Größenordnung nachgewiesen werden kann. Haben wir es angesichts dieser Daten also nicht so sehr mit einer allgemeinen Verrohung zu tun als vielmehr mit einer allgemeinen Überempfindlichkeit? Sicher sind gerade politisch exponierte Personen zum Teil gravierenden Angriffen in sozialen Medien ausgesetzt. Doch Intensität ist nicht gleichbedeutend mit Allgegenwärtigkeit. Möglicherweise erleben wir tatsächlich ein »Zeitalters des Zorns«, um die griffige Formel des indischen Soziologen Pankaj Mishra aufzugreifen. Doch der Zorn scheint punktuell zu sein und häufig auch nur im Auge des Betrachters zu liegen.

Beispiel *Fake News*: Spätestens seit der US-Präsidentschaftswahl 2016 und der augenscheinlichen russischen Einflussnahme zählt das Phänomen zu den oft beklagten negativen Konsequenzen der digitalen Vernetzung. Als *Fake News* werden hierbei bewusst verbreitete Falschmeldungen verstanden, die aus einer klaren politischen Täuschungsabsicht heraus lanciert werden. Auch hier ist eine Differenz zwischen öffentlicher Wahrnehmung, anekdotischer Evidenz und belegten Fakten zu beobachten. Zu bezweifeln ist hier nicht die Existenz von Falschmeldungen, aber doch die überwältigende Wirkung im Diskurs, die *Fake News* in der öffentlichen Debatte immer wieder zugeschrieben wird.

So belegt etwa eine Untersuchung des Politoscope-Projekts zu den zurückliegenden französischen Präsidentschaftswahlen des Jahres 2017, dass von 60 Millionen untersuchten Twitter-Meldungen sich weniger als 5.000 auf nachgewiesenermaßen widerlegte Fakten bezogen – das entspricht einem Anteil von weniger als 0,01 Prozent. Ein etwas negativeres Bild zeichnen Untersuchungen zu den Europawahlen 2019: Hier beziffern Forscher um Bence Kollanyi und Nahema Marchal den Anteil von Twitter-Beiträgen aus »fragwürdigen Quellen« etwas höher auf weniger als 4 Prozent. Sicher ist das problematisch, doch einen Tsunami an Desinformation geben solche Daten zumindest bislang nicht her.

Hinzu kommt, dass sich das Phänomen auf sehr kleine Nutzerkreise beschränkt. Bis zu 80 Prozent potenzieller Falschmeldungen gehen auf das Wirken von nur 1 Prozent der Twitter-Nutzer zurück, belegt eine Studie von Andrew M. Guess und Benjamin A. Lyons. »Ein kleiner Teil sowohl von Produzenten als auch von Konsumenten von *Fake News* kann den Großteil des Online-Engagements generieren, auch wenn die meisten Leute nie damit in Kontakt kommen«, heißt es darin.

Sehr wohl zu beobachten aber ist eine Verschiebung in der politischen Debatte, in der die politische Aufmerksamkeit eben mittlerweile nicht mehr ausschließlich auf falsifizierbare »falsche Informationen« gerichtet wird, sondern auf das viel weiter gefasste Konzept von »*irreführenden* Informationen«, dessen Definition zwangsläufig viel stärker im Auge des (politischen) Betrachters liegt. So konzidiert eine aktuelle Untersuchung der Gemeinsamen Forschungsstelle (GFS) der EU-Kommission zu »Technology and Democracy«, dass das Problem *Fake News* zwar nur einen »kleinen Teil der Mediendiät ausmache«, aber »umfangreich und besorgniserregend« werde, »wenn irreführende Inhalte in ihrer Gesamtheit betrachtet werden«. Nur: Wo endet berechtigter Zweifel, und wo beginnt »Irreführung«? Und soll diese Demarkationslinie wirklich in staatlichem Auftrag definiert werden?

All das bedeutet nicht, dass *Fake News*, Echokammern und *Hate Speech* keine gesellschaftlichen Herausforderungen darstellen. Doch zu fragen ist angesichts der angeführten Daten, ob die aktuell zu beobachtende Fixierung auf diese problematischen Aspekte der Digitalisierung gerechtfertigt ist.

In zahlreichen demokratischen Staaten wurden im Zuge von *Hate Speech*-Debatten Gesetze zur Einhegung von »Hass im Netz« und Falschmeldungen verabschiedet, so etwa in Deutschland, Frankreich, Großbritannien, Australien, Dänemark, Neuseeland, Indien, Schweden und Südafrika, aber auch in einer ganzen Reihe arabischer Staaten – und aktuell von der progressiven Regierung in Südkorea, die zur Eindämmung von Verschwörungstheorien nun eine Expertenkommission zur Festlegung »der wahrhaftigen Geschichte« einsetzt.

Doch abgesehen davon, dass jeder auf diesem Weg vermeintlich erzielte Gewinn an Zivilität und Faktizität in Online-Debatten mit der Einschränkung der Meinungsfreiheit zu bezahlen ist, scheinen die bisher ergriffenen staatlichen Interventionen eher der Behandlung von Symptomen zu dienen als einer Antwort auf die wirklich strukturellen Herausforderungen. Angesichts der komplexen Wirklichkeit werden aber politisch passgenaue Antworten auf den Jahrhunderttrend Digitalisierung benötigt, die nicht intendierte Konsequenzen vermeiden, freiheitsschonend vorgehen und politischen Pluralismus fördern, nicht reduzieren.

Das Dilemma der digitalen Freiheit

Die Digitalisierung hat bislang zumeist vorhandene Trends intensiviert. Wo Freiheitsrechte ohnehin stark ausgeprägt waren, wurden sie gestärkt, wo sie nur schwach entwickelt waren, wurden sie weiter eingeschränkt. Der Einfluss digitaler Technologien auf Freiheit und Demokratie sei »weder fantastisch wohlwollend noch komplett desaströs, sondern tiefgreifend, kompliziert, vielfältig und vom Kontext abhängig«, fassen Rasmus Kleis Nielsen und Richard Fletcher vom Reuters Institute der Universität Oxford die Lage zusammen. Dabei seien dystopische Visionen ebenso widerlegt worden wie die zu Beginn des Digitalzeitalters verbreiteten Utopien.

Umso verwunderlicher ist es deshalb, dass in der aktuellen Debatte von progressiver Seite aus die emanzipativen Potentiale der Digitalisierung und ihre freiheitsfördernden Aspekte immer stärker ausgeblendet werden. Die Ermöglichung von Chancengleichheit und das Empowerment von Akteuren, die zuvor keine Stimme hatten oder zumindest keine größere Resonanz generieren konnten, scheinen in Teilen des progressiven Spektrums heute kaum noch wahrgenommen zu werden. Das ist merkwürdig zumal in Kreisen, in denen egalitäre Entwicklungen ansonsten begrüßt werden.

Eine Konsequenz der umfassenden Digitalisierung der politischen Kommunikation ist wie erwähnt eine Kräfteverschiebung weg von etablierten Gatekeepern hin zu dem, was Nielsen und Fletcher als »den Demos«, den Volkscharakter, der Demokratie bezeichnen. In dieser Entwicklung haben traditionelle Eliten, Teile der Medien und des politischen Establishments zumindest relativ an Einfluss verloren. In Rückgriff auf Jürgen Habermas könnte man diesen Prozess als neue Spielart des »Strukturwandels der Öffentlichkeit« bezeichnen, der in einer Re- und De-Feudalisierung mündet – mit allen positiven und negativen Konsequenzen.

Der Bedeutungsverlust der traditionellen Gatekeeper mag erklären, weshalb die Reaktionen auf das digitale Empowerment zunehmend negativ ausfallen. Gerade dann, wenn Ergebnisse des demokratischen

Prozesses nicht mit dem übereinstimmen, was von Vertretern der traditionellen Eliten als alternativlos erachtet wird (etwa die EU-Mitgliedschaft Großbritanniens), mehren sich die Stimmen, die der digitalen Vernetzung die Verantwortung für unerwünschte Ergebnisse anlasten. Eine solche Reaktion mag nachvollziehbar sein. Doch diese Art von Kritik ist nicht nur reichlich selbstgerecht, sondern sollte auch konzedieren, dass Ergebnisse des demokratischen Prozesses zwar desaströs sein mögen, aber deshalb nicht zwangsläufig illegitim sind.

Bezogen auf die digitale Herausforderung für die Freiheit sind westliche Gesellschaften deshalb aktuell mit einem vielschichtigen Dilemma konfrontiert. Darin erscheint Untätigkeit ebenso fragwürdig wie staatliches Durchgreifen oder eine marktgläubige Selbstregulierung. Der Einfluss der Digitalisierung ist mittlerweile so enorm, dass man ihre Regulierung als Demokrat weder allein dem Markt noch allein dem Staat überlassen mag.

Eine totale Regulierung der Digitalisierung durch den Staat ist dabei nicht nur angesichts der Exzesse des chinesischen Modells fragwürdig, sondern auch angesichts der Totalität der digitalen Durchdringung und Überwachung der Privatsphäre, die auch in westlichen Gesellschaften eine antifreiheitliche Versuchung darstellt. Nicht zuletzt die Enthüllungen von Edward Snowden über den Einsatz von Überwachungstechnologien haben dies gezeigt, aber auch die Entscheidung der Bundesregierung kurz vor Ende der Legislaturperiode 2021, den Einsatz von sogenannten »Staatstrojanern« zu gestatten – obwohl eine Grundsatzentscheidung des Bundesverfassungsgerichts zu der Sache noch nicht gefallen ist.

Doch nicht nur staatliche Ermächtigung, auch die Auslagerung von Kontrollfunktionen an Digitalkonzerne wie die *Big Five* – also die marktaffine Lösung in staatlichem Auftrag – ist politisch fragwürdig, auch wenn die Lobbyisten des Silicon Valley sie stets als den Königsweg empfehlen. Weshalb sollten ausgerechnet auf privatwirtschaftlichen Profit ausgerichtete Milliardenkonzerne die Hüter des demokratischen Diskurses sein? Hier wird der Bock zum Gärtner gemacht.

Ähnlich problematisch erscheinen aktuelle Vorschläge, Soziale-Medien-Unternehmen zur Umsetzung internationaler Menschenrechtsstandards zu verpflichten, wie etwa David Kaye, bis Juli 2020 Sonderberichterstatter der Vereinten Nationen für Meinungsfreiheit, vorschlägt. Internationale Menschenrechtsstandards gäben »Unternehmen eine Sprache, um ihre Positionen weltweit so zu artikulieren, dass demokratische Normen respektiert und autoritären Forderungen entgegengewirkt wird«, meint Kaye. Das aber ist nur scheinbar eine salomonische Lösung. Denn nicht nur sind internationale Menschenrechtsstandards häufig fluide und von handlungsstarken Regierungen beeinflussbar, sondern sie sind zugleich eben nicht selbsterklärend. Auch ein solcher Ansatz würde daher nicht das Problem lösen, dass die genannten Unternehmen zugleich als Richter, Geschworene und Vollstrecker aufträten.

Als Ausweg aus diesem Dilemma bietet sich deshalb eine andere Alternative an, die die Fallstricke staatlicher Übergriffigkeit ebenso vermeidet wie unternehmerischen Absolutismus: die gezielte und planmäßige Stärkung individueller digitaler Autonomie. Der Schlüssel zu einer digitalen Zukunft, in der die Freiheit des Individuums gestärkt wird, liegt dabei zunächst in der demokratischen Kontrolle der Digitalisierung. »Bürger müssen Regierungen regulieren und Regierungen die Unternehmen«, fasst Demokratieforscher Larry Diamond die Aufgabe zusammen. Zugleich aber wäre eine politische Antwort auf die Digitalisierung anzustreben, die negative Freiheitsrechte des Einzelnen als Freiheit von Überwachung, Diskriminierung und Fremdbestimmung stärkt und dabei auch positive Freiheitsrechte wie demokratische Partizipation der Bürger ins Zentrum rückt.

Ein solcher freiheitsschonender Umgang mit dem Dilemma der digitalen Kommunikation dürfte dabei kein klar strukturiertes und eindeutiges Reglement aus der Taufe heben, sondern sich zu einer komplexen Gemengelage aus *Checks and Balances* entwickeln, die das Dilemma durch Vielschichtigkeit und Dezentralisierung entschärfen.

Der aktuelle Vorschlag von Francis Fukuyama und Barak Richman etwa, Internetkonzerne durch Zwischenschalten sogenannter *Midd-*

leware von einer Regulierungsfunktion zu befreien, der sie faktisch, normativ und politisch nicht gewachsen sind, geht hier in die richtige Richtung. Die Kernidee dabei lautet: Nutzer sollen befähigt werden, Algorithmen nach eigenen Wünschen mitzugestalten. Auch Fukuyama und Richman sind sich darüber im Klaren, dass dieser Schritt kein Allheilmittel gegen Polarisierung und Fragmentierung darstellt. Doch immerhin adressieren sie das Problem mit einem Vorschlag, der die Autonomie des Einzelnen in den Mittelpunkt stellt. Auch der Autor Ferdinand von Schirach hat hierzu jüngst vielversprechende Vorschläge zu »digitalen Grundrechten« vorgelegt, nach denen das Ausforschen und das Manipulieren von Menschen untersagt und Algorithmen transparent, überprüfbar und fair ausgestaltet werden.

Und schließlich hat auch die EU-Kommission unlängst mit einem Vorschlagskatalog zur Regulierung der digitalen Revolution für Aufmerksamkeit gesorgt, wonach die Entwicklung von Künstlicher Intelligenz weitergefassten Kontrollen unterworfen wird. Die Vorschläge reichen von einem Verbot automatisierter Gesichtserkennung bis zur Untersagung von sogenannten *Deep Fake*-Videos.

Es sind Vorschläge wie diese, die Demokraten bei der Bearbeitung der digitalen Zukunft eine Fülle von Betätigungsfeldern eröffnen und Freiheit dabei nicht als anachronistische Altlast begreifen, sondern als zentralen Baustein der politischen Gestaltung. Denn bei aller gerechtfertigten Sorge um viele Aspekte der Digitalisierung und bei aller Unprognostizierbarkeit der sich rasend schnell vollziehenden technischen Entwicklung gilt auch, dass gerade progressive Kräfte die emanzipative Dimension digitaler Technologien nicht leichtfertig übersehen sollten.

Die freiheitliche Antwort auf die Herausforderung der Digitalisierung kann weder ein immer mehr kontrollierender Staat noch ein blauäugiges Vertrauen in die selbstregulierenden Kräfte des Marktes sein und auch keine *Divide-et-impera*-Kombination aus beiden. Vielmehr muss die Stärkung individueller Autonomie der Dreh- und Angelpunkt sein. Dass dies eine so monumentale wie vielschichtige Aufgabe darstellt, zeigen die hier diskutierten Schwierigkeiten im immerhin noch relativ klar zu definierenden Feld der Kommunikation. Wenn eine konstruktive Lösung jedoch nicht einmal hier zu umreißen ist, wäre das für die zahllosen anderen komplexen Herausforderungen der digitalen Revolution ein mehr als düsteres Vorzeichen.

Kapitel 6 Freiheit und die Alternativlosigkeit der Klimakrise

Freiheit auf einem überhitzen Planeten wäre wertlos. Deswegen ist der ökologische Status quo unserer Zivilisation ein Spiegel so kurzsichtigen wie irrationalen Verhaltens. Der massive CO_2-Ausstoß muss reduziert werden, und dieses Ziel steht nicht in unvereinbarem Gegensatz zur Freiheit, sondern ist deren langfristige Voraussetzung. Selbstbestimmung ist nicht gleichbedeutend mit dem Recht auf unbefristete Produktion und Nutzung von Verbrennungsmotoren, auch wenn die Automobilindustrie über lange Strecken das Gegenteil behauptet hat.

Doch auf dem Weg zu einer nachhaltigeren Produktionsweise und letztlich einer CO_2-neutralen Klimabilanz stellt sich die Frage, ob und wie eine ökologische Transformation demokratisch umzusetzen ist, ohne genau diejenigen freiheitlichen Prinzipien zu untergraben, die die Essenz einer menschenwürdigen Zukunft eben auch ausmachen. Legt nicht die Totalität der klimapolitischen Herausforderung einen Totalitarismus der gesellschaftlichen Antwort nahe? Wenn das *Time*-Magazine recht hat mit seiner Feststellung, dass »das Klima alles ist«, ist dann nicht alles andere zwangsläufig nichts? Nicht nur den US-amerikanischen Ökonomen Paul Krugman beschleicht bisweilen das Gefühl, jedes Gespräch, das er nicht zum Thema Klimawandel führe, sei letztlich »Zeitverschwendung«.

Geistert nicht seit Jahren das Argument durch die Debatte, die erforderliche Transformation unserer Lebensweise ließe sich ohnehin nur auf dem Weg einer Klimadiktatur chinesischer Prägung erreichen? Schon im *Prinzip Verantwortung* argumentierte Hans Jonas schließlich bereits 1979, die Klimakrise könne demokratisch kaum gelöst werden. Erforderlich sei eine Wiederentdeckung der Askese, die letztlich am ehesten in den sozialistischen Ländern befördert werden könne.

Die Frage der Kompatibilität von Freiheit und Demokratie ist keine abstrakte mehr, sondern eine praktische, wobei noch nicht geklärt ist, ob sowohl die Demokratiekrise in der Klimakrise als auch die Klimakrise in der Demokratiekrise bewältigt werden kann. Bekanntlich hat das Pariser Klimaabkommen von 2015 den Kurs abgesteckt, mit dem sich die Unterzeichnerstaaten bis 2050 verpflichten, einen Zustand der Klimaneutralität zu erreichen. Das ist ein nobles, aber zumindest kurzfristig nur mit kaum absehbaren Kosten zu erreichendes Vorhaben – und vor allem eines, für das die Regierungen den politischen Beifall bereits eingeheimst haben, bevor die Belastungen der Umsteuerung tatsächlich wirksam geworden sind. Dabei hat bislang kaum eine Regierung das Ziel auch nur ansatzweise erreicht. Mit vermehrt auftretenden Kosten jedoch könnten gravierende Auswirkungen auf die demokratische Attraktivität der ökologisch erforderlichen Umsteuerung verbunden sein – selbst wenn der Preis des Nichtstuns langfristig viel höher ausfällt.

Sicher, viele klimaschützende Maßnahmen haben breiten öffentlichen Rückhalt. Und Umfragen belegen, dass das Thema Klimaschutz mittlerweile in der Mitte vieler Gesellschaften – nicht nur in westlichen Demokratien – angekommen ist. Auch in Beijing und Mumbai atmet die Menschen schließlich gern saubere Luft. Die Klimaproteste der vergangenen Jahre hatten zwar eine Schieflage, und waren vor allem dort besonders ausgeprägt, wo die Folgen des Klimawandels paradoxerweise noch kaum spürbar sind, doch das Entstehen einer weltweiten Klimaschutzbewegung ist so real wie erfreulich.

Faktisch aber ist nach wie vor völlig offen, ob das sich aktuell und abstrakt in Umfragen abzeichnende Problembewusstsein auch langfristig und konkret beständig bleibt, wenn erst einmal die Rechnung für diese Umsteuerungspolitik präsentiert wird. Die konkreten Umsetzungsschritte der Klimaziele etwa werden bis zum Jahr 2050, in dem die EU klimaneutral sein will, immerhin allein in der Bundesrepublik in sieben Bundestags- und mehr als 100 Landtagswahlen Bestätigung finden müssen – ganz zu schweigen von annähernd 190 planmäßigen Parlamentswahlen in den anderen 26 Mitgliedsstaaten der Europäischen Union. Wird der demokratische Konsens, der für eine solche Transformation erforderlich ist, halten? Der Wahlsieg Donald Trumps führte bekanntlich zum Ausstieg der USA aus dem Klimavertrag. Zumindest nicht ausgeschlossen werden kann, dass dieses Beispiel in den kommenden Jahren Schule macht und zu einer Serie von vergleichbaren »Klimarevolten« an der Wahlurne führt, in denen Wählerinnen und Wählern der Praxis der sozial-ökologischen Transformation die Rote Karte zeigen. Wie muss eine Transformation aussehen, die ein solches Szenario verhindert und weder im Gegensatz zum Ideal der Freiheit steht noch den demokratischen Rückhalt unterminiert, der für jede dauerhafte Umsteuerung erforderlich ist?

Als entscheidend – so soll auf den folgenden Seiten gezeigt werden – dürfte sich hierbei die Frage erweisen, ob die klimapolitische Transformation als Kombination aus erzwungenem Verzicht im Alltag und der Umgehung demokratischer Prinzipien angestrebt wird oder als Umsteuerung, die im Einklang steht mit den langfristigen Prinzipien der menschlichen Entwicklung und mit grundlegenden demokratischen Werten der Freiheit und der Selbstbestimmung.

Rettet die Wahlen!

Die bisherige Bilanz des Klimaschutzes in Wahlentscheidungen lässt kein eindeutiges Bild erkennen. Ja: In den USA konnte sich der Demokrat Joe Biden gegen den Klimaleugner Trump durchsetzen – und zwar unter anderem mit dem Versprechen, dem Pariser Klimaabkommen wieder beizutreten. Doch die auf viele Republikaner provokant wirkende Formel vom *Green New Deal* suchte man in Bidens Wahlkampf vergebens. Der Wählerauftrag an Biden umfasst daher eher schrittweise Reformen als eine Klimarevolution.

In Australien verlor die Labor Party mit ihren ambitionierten klimapolitischen Plänen 2019 entgegen den vorherigen Umfragen überraschend die als weltweit erstes »Klimavotum« bezeichnete Parlamentswahl – trotz des massiv zu beobachtenden Klimawandels auf dem Roten Kontinent. In der Schweiz wurde in einer Volksabstimmung im Sommer 2021 mit knapper Mehrheit ein CO_2-Gesetz abgelehnt, das die Emissionen unter anderem durch eine neue Klimaabgabe auf Flugtickets reduzieren sollte. Ganz zu schweigen von der Situation in Frankreich, wo Proteste der Gelbwesten auch nur eine moderate Erhöhung der Treibstoffpreise vor zwei Jahren verhinderten.

Auch in Bezug auf den Erfolg von dezidierten Umweltparteien ist das Bild eher ambivalent. Zwar wächst die Zahl grüner Parteien – ihr Weltverband zählt mittlerweile mehr als 80 Mitgliedsorganisationen. Doch grüne Abgeordnete wurden bislang lediglich in gut zwei Dutzend nationaler Parlamente weltweit gewählt. In ganz Afrika etwa findet sich kaum eine Handvoll grüner Parlamentarier. Nicht einmal in Japan, immerhin Schauplatz der Fukushima-Katastrophe, verfügt eine Ökopartei über messbaren Rückhalt. Regierungsverantwortung tragen grüne Parteien in weniger als einem Dutzend Länder – und zwar meist als kleinere Koalitionspartner wie etwa in Schweden. Die Anzahl grüner Regierungschefs liegt bei null.

Klimaschutz als weltweiter Selbstläufer der *Volonté générale*, so viel ist klar, sähe anders aus. Denn wie Christopher Caldwell in der *New York Times* vermerkt: Hinter der neuen Tatkraft des Klimaaktivismus stehen zwar die Annahme und die Hoffnung, dass die in Umfragen zum Ausdruck gebrachte Sorge der Wählerinnen und Wähler um das Klima auch ihren tatsächlichen Präferenzen entsprechen und klimapolitisches Nichtstun lediglich einen Ausdruck von Inkonsequenz darstellt. Doch was, »wenn es genau andersherum ist?«. Wenn dieses Klimabewusstsein eben nicht eins zu eins in Zustimmung zu den politisch bislang ausformulierten Optionen übersetzt wird?

Wenig überraschend wird dieses Problem gerade in Teilen der grünen Klimabewegung bislang eher ausgeblendet als thematisiert. Robert Habeck verkündete auf dem Parteitag der Grünen zur Einleitung des Bundestagswahlkampfes: »Wer das Klima schützt, schützt die Freiheit.« Damit liegt er natürlich richtig, zumindest was die Wirkung klimaschützender Maßnahmen angeht. Die Erderhitzung ist ganz vieles, aber eben auch ein Angriff auf Selbstbestimmung und Emanzipation.

Doch darüber, wie mehrheitsfähig, demokratisch und freiheitlich dieser Prozess des nachhaltigen Klimaschutzes ist, sagt dieses Postulat nur wenig aus. Zumindest für Teile des grünen Milieus gilt, dass simple Umdeutungen des Freiheitsbegriffs doch eher Versuche darstellen, wenig populäre Verbote in Bezug auf den individuellen Lebensstil umzubenennen, statt sie durch klar mehrheitsfähige Ansätze zu ersetzen. Aber wie erfolgreich sind solche Bemühungen, das Bewusstsein das Sein bestimmen zu lassen, langfristig?

Ist nicht ein solcher reichlich durchschaubarer Etikettenwechsel zumindest eine der Ursachen für die Diskrepanz zwischen öffentlich ausgedrückter Sorge um das Klima und überschaubarem Rückhalt für die bisher von ökologischen Parteien ausformulierten Transformationspläne? Klimaschutzbewegungen, die sich Tatkraft auch auf Kosten demokratischer Präferenzen und damit verknüpfter autonomer Entscheidungsfindung auf die Fahne schreiben, schwächen damit nicht nur sich selbst, sondern machen es auch den klimapolitischen Beharrungskräften allzu leicht, sich als vermeintlicher Anwalt der Freiheit in Szene zu setzen. Progressive Parteien sorgen sich zu Recht um die soziale Dimension der ökologischen Transformation und verweisen auf die oft ungleich verteilten Belastungen. Doch die freiheitliche Dimension der Transformation sollten sie nicht übersehen.

Die autoritäre Dimension des Klimaschutzes

Sicher wäre es so unfair wie falsch, der weltweit so vielseitigen Klimabewegung pauschal ein gespaltenes Verhältnis zu freiheitlichen Prinzipien zu unterstellen. Allein die Vielzahl der Akteure lässt dies nicht zu. Und: Gerade das Engagement vieler junger Menschen für den Klimaschutz ist eine Bereicherung der Demokratie und sollte als solche wertgeschätzt, nicht schlechtgeredet werden. Doch zur Wahrheit gehört auch, dass in Teilen der globalen Klimabewegung durchaus Ansätze zu beobachten sind, die zum Undemokratischen und Antifreiheitlichen neigen. Sie müssen thematisiert und korrigiert werden, nicht totgeschwiegen.

Zur Auslotung dieser autoritären Versuchungen soll hier ein Analyseraster Verwendung finden, das von den US-Politikwissenschaftlern Steven Levitsky und Daniel Ziblatt zur Identifizierung vor allem von rechtsautoritären Tendenzen in der Politik erstellt wurde. Dieser »Lackmustest« des Autoritarismus verwendet vier Analyseebenen. Als erstes Warnsignal für autoritäre Tendenzen gilt in diesem Raster die Zurückweisung demokratischer Spielregeln, etwa durch »das Aussetzen der Verfassung oder die Beschränkung von grundlegenden bürgerlichen oder politischen Rechten«. Ein zweiter Indikator bezieht sich auf die Legitimität, die politische Bewegungen ihren Widersachern zugestehen – oder absprechen. Hier besteht Anlass zur Besorgnis, sobald »behauptet wird, die Rivalen stellten eine existenzielle Bedrohung entweder der nationalen Sicherheit oder der Lebensart dar«. Der dritte Indikator bezieht sich auf die Einstellung zur Anwendung von Gewalt bei der Erreichung politischer Ziele. Betrachtet die untersuchte Bewegung Gewalt als legitimes Mittel? Oder weigert sie sich, »sich unzweifelhaft von Gewalt zu distanzieren«? Schließlich bezieht sich der letzte Indikator auf die Bereitschaft von politischen Akteuren, bürgerliche Freiheiten einzuschränken. Sei es »durch Gesetze, die Proteste einschränken«, oder durch das dezidierte Lob von »repressiven Maßnahmen anderer Regierungen«. Wie Ziblatt und Levitzky betonen, stellt »auch nur die Erfüllung eines dieser Kriterien einen Grund zur Besorgnis« dar.

Wie also sind die definierten Kategorien in Bezug auf das Thema Klimaschutz zu bewerten? In Bezug auf die erste Kategorie ist das Bild ambivalent. Im Hinblick auf die »Zurückweisung der demokratischen Spielregeln« scheinen bedeutsame Teile der Klimaschutzbewegung durchaus davon auszugehen, dass der Demokratie die Fähigkeit zur ökologischen Transformation abzusprechen ist. Ein offensichtlicher Beleg hierfür sind etwa die Bemühungen, die politischen Antworten auf die Klimakrise in sogenannten »Klima-Notständen« zu definieren, die auf Initiative von Klimaschützern aktuell in einer immer länger werdenden Liste von Orten weltweit ausgerufen werden. Aus Sicht von Aktivisten stellen solche Notstände ein dringend benötigtes Mobilisierungsinstrument dar. »Die Erklärung des Klima- und ökologischen Notstands bündelt alle Kräfte aus Politik und Bevölkerung, um gemeinsam sofortige und entschlossene Anstrengungen zum Klimaschutz zu leisten«, argumentiert etwa *Fridays for Future* Austria.

Mehr als 1.900 lokale Regierungen in mehr als 34 Staaten weltweit haben sich zu diesem Schritt entschlossen, meldet die australische Kampagne von *Climate Emergency Declaration and Mobilisation in Action*. Auch das Europäische Parlament erklärte im November 2019 einen Klimanotstand. In den wenigsten Fällen gehen damit tatsächliche Änderungen der politischen Entscheidungsprozesse einher. Es handelt sich zumeist um Symbolpolitik. Doch Stimmen – etwa der europäischen Grünen – fordern angesichts der bisher nur symbolhaften Qualität längst auch dezidiert die Verknüpfung des Notstands mit konkreten Maßnahmen.

Fragwürdig ist dabei das demokratieskeptische Signal, das von solchen Notstandsverkündigungen ausgeht. Es lautet: Demokratie, also reguläre und rechtsstaatliche Verfahren der Politik, können und werden die erwünschten politischen Schritte des Klimaschutzes nicht in die Wege leiten. Die Krise sei zu umfassend für demokratisches und freiheitliches *Business as usual*, so argumentiert auch manch ein intellektueller Vordenker. Der Klimawandel, so etwa der einflussreiche britische Zukunftsforscher James Lovelock, Mitglied der britischen *Royal Society*, sei ein so schwerwiegendes Thema wie ein Krieg. Deswegen könne »es notwendig sein, die Demokratie für eine Weile auf Eis zu legen.«

Auch unverhohlene Vorschläge, demokratische Institutionen wie Parlamente angesichts der parteipolitischen Trägheit in Klimafragen durch andere – vermeintlich direktdemokratischere – Entscheidungsgremien zu ersetzen, zielen in diese Richtung. So fordert etwa der in Cambridge lehrende Politikwissenschaftler David Runciman angesichts der Klimakrise die Einrichtung von »Bürgerversammlungen«, in denen »Schulkinder und ihre Großelterngeneration frei von parteiischer Vertretung gemeinsam an Entscheidungen teilnehmen können«. Politiker müssten dann nur noch einwilligen, »ihre eigenen Entscheidungen an die Ergebnisse dieser Beratungen zu binden«. Denn: »Die Demokratie ist der größte Feind des Planeten.« Auch der Mitbegründer der von Großbritannien ausgehenden *Extinction Rebellion*, Roger Hallam, denkt in diese Richtung. In seinem Manifest *Common Sense for the 21st Century* fordert er die Übertragung der staatlichen Souveränität »von einem korrumpierten parlamentarischen System« und einer »korrupten politischen Klasse« an »nationale Bürgerversammlungen«. Und auch Slavoj Žižek forderte zuletzt einen »Kriegskommunismus« zur Bekämpfung der klimapolitischen »Zwangslage«, da »die repräsentative politische Demokratie allein für diese Aufgabe nicht ausreichen wird«.

Genau darin aber liegt die Gefahr. Denn in Zeiten, in denen Demokratie und Freiheitsrechte ohnehin weltweit unter Druck stehen, formulieren Teile der klimaaktivistischen Szene und der linken Avantgarde damit eine durchaus populistische Kritik, die in die gleiche Kerbe der Demokratieskepsis schlägt wie der Autoritarismus von rechtsaußen.

Demokratietheoretisch fragwürdig erscheint hierbei auch die Gefahr der umfassenden Technokratisierung der Politik. Diese wird durch den immer wieder beschworenen Ansatz von Klimaaktivisten befördert, politische Entscheidungen maßgeblich vom Befolgen der Wissenschaft abhängig zu machen. Sicher ist der hier wie in der COVID-Krise bemühte Slogan »Follow the Science!« einerseits eine nachvollziehbare Reaktion auf das Bestreiten wissenschaftlicher Fakten durch Klima(wandel)leugner. Diese haben ihre Taktik nunmehr angesichts kaum mehr zu bestreitender wissenschaftlicher Erkenntnisse von Realitätsverweigerung (»Es gibt keinen Klimawandel – und falls doch, liegt die Ursache nicht im menschlichen Verhalten«) auf die Zukunft ausgerichtet und versprechen magische technische Lösungen, die das Klimaproblem ohne jeglichen Kurswechsel lösen.

Wie gesagt: Die Reaktion auf solche dem Status quo verhafteten Durchhalteparolen ist nur allzu verständlich. Doch wie die Pandemiebekämpfung zeigt, immunisiert ein solcher Ansatz die Politik nur in dem Maße, in dem sie »die Wissenschaft« kompromittiert. *Scientists for Future* und andere leisten wichtige Beiträge zum Wissensstand, doch die Verknüpfung von Forschung und direkter politischer Einflussnahme ist eine zweischneidige Angelegenheit. Wie die US-Journalistin Emily Yoffe richtig bemerkt, ist Wissenschaft »eine Methode, kein Monolith«. Schließlich gibt es einen ergebnisoffenen Aktivismus so wenig wie eine nicht ergebnisoffene Forschung.

Bewegen sich Teile der Klimabewegung nun also im Sinne des Indikators von Ziblatt und Levitsky in Richtung Autoritarismus? Das ist insgesamt sicher nicht der Fall. Doch sie stellen die Leistungsfähigkeit demokratischer Entscheidungsprozesse infrage und erhoffen sich eine Unterordnung demokratischer Prinzipien unter das Primat des Klimaschutzes – und das ist durchaus problematisch. Alle Staatsgewalt geht vom Volk aus und nicht von der Wissenschaft, so hilfreich und überzeugend deren Hinweise auch sein mögen. In Bezug auf die vermeintliche Alternativlosigkeit des Markts haben progressive Stimmen eine »marktkonforme Demokratie« (Angela Merkel) stets abgelehnt. Wäre da nicht ein gewisses Maß an Skepsis auch gegenüber dem Konzept einer vermeintlich klimaforschungskonformen Demokratie angebracht?

Ähnlich ambivalent fällt die Bewertung aus, wenn der zweite Indikator des Autoritarismustests, das Abstreiten der Legitimität der politischen Gegner, in den Blick genommen wird. In Teilen der klimaaktivistischen Bewegungen findet sich eine Fülle von Beispielen dafür, dass exponierte Aktivisten, aber auch Stimmen aus der Anhängerschaft dem politischen Gegner ausdrücklich jegliche Legitimation absprechen.

In einer (nicht repräsentativen) Online-Umfrage der irischen Zeitung *The Journal* wurden vor einigen Jahren deren Leser befragt, ob Politikern, die den Klimawandel leugnen, der Zugang zu öffentlichen Ämtern per Gesetz untersagt werden sollte. Eine knappe Mehrheit von 50,6 Prozent befürwortete das. Die britische BBC beschloss vor einigen Jahren gleich, Klimaskeptikern überhaupt kein Forum in der

Berichterstattung mehr einzuräumen, da sie schließlich auch keinen Sendeplatz an Stimmen verschwende, die die Fußballergebnisse des Vortages in Abrede stellten.

Auch in internationalen Organisationen finden sich prominente Stimmen, die die Leugnung des Klimawandels nicht nur für faktisch inkorrekt halten, sondern sie auch als Straftat bewerten und als solche behandelt wissen wollen. So veröffentlichte etwa die UNESCO ein Plädoyer der britischen Politikwissenschaftlerin Catriona McKinnon dafür, »Klima-Verbrechen« endlich angemessen zu bestrafen. »Der Schaden, den Klimaleugner anrichten, ist so bösartig, dass die Zeit gekommen ist, sie rechtlich zu belangen«, forderte die Professorin. Auch wenn diese Impulse zum Teil nachvollziehbar sind, wird eine Position deshalb nicht automatisch politisch klug. Denn wie im Kapitel zur Meinungsfreiheit erläutert, führen solche Ansätze langfristig eben nicht zur Stärkung der als schützenswert begriffenen Wahrheit. Diesbezüglich scheint der Autoritarismustest also durchaus anzuschlagen.

Und wie steht es um die Tolerierung von Gewalt oder die Ermutigung dazu als Anzeichen für autoritäre Bestrebungen? Von vereinzelten Ausnahmen abgesehen finden sich in den so verschiedenartigen klimapolitisch engagierten Bewegungen nur selten Tendenzen, die die Bewegung auch nur in die Nähe von Gewaltbereitschaft rücken – ein auffälliger Gegensatz zur gut dokumentierten Historie der Gewalt manch eines global operierenden Energiekonzerns. Angesichts der Wahrnehmung der Klimaerwärmung als existenzielle Bedrohung ist die Gewaltlosigkeit der Bewegungen eindrucksvoll und wohl auch der Tatsache zuzuschreiben, dass die Umweltbewegung in ihren Anfängen stark mit der Friedensbewegung verknüpft war.

Dieser Befund gilt zumindest aktuell und in einer Ausgangssituation, in der politische Verantwortungsträger in den bedeutenderen demokratischen Ländern zumindest pro forma ihre Bereitschaft signalisieren, die Anliegen der Klimabewegung ernst zu nehmen und umzusetzen. Allerdings gibt es in der Klimaschutzbewegung durchaus Stimmen, die zumindest nicht-personenbezogene Gewalt tolerieren – vor allem im akademischen Milieu. *Extinction Rebellion* etwa setzt dezidiert auf Gesetzesverstöße und zivilen Ungehorsam. Andreas Malm, schwedischer Vordenker der radikalen Klimabewegung, schwärmt in seinem Buch *How to Blow Up a Pipeline* davon, die Friedfertigkeit der »gandhischen Klimabewegung« hinter sich zu lassen und sie durch »süße Gewalt« zu ersetzen, »in der eines Tages die Reservoire der aufgestauten Emotionen in der Welt, aber insbesondere im globalen Süden einen Ausgang finden«. Eine extreme Position? Durchaus. Aber eben auch keine isolierte Stimme des *lunatic fringe*. Naomi Klein etwa beschreibt Malm als »einen der originellsten Denker« der Klimabewegung. Auch hier also bleibt die Nadel des Indikators nicht immer im leuchtend grünen Bereich.

Am wenigsten positiv jedoch fällt das Urteil aus, wenn der letzte Indikator in den Blick genommen wird: die Bereitschaft, bürgerliche Freiheiten für die Erreichung des übergeordneten politischen Zieles einzuschränken.

Es ist angerichtet

Ein aktueller Bericht des UN-Umweltprogramms verweist darauf, dass sich die Anzahl gerichtlicher Klimaklagen in den vergangenen drei Jahren fast verdoppelt hat. Während 2017 immerhin schon 884 Fälle in 24 Ländern registriert wurden, belief sich diese Zahl 2020 bereits auf 1.550 Klagen in 38 Ländern. »Bürger wenden sich zunehmend an Gerichte, um ihr Recht auf eine gesunde Umwelt einzufordern«, fasst Arnold Kreilhuber, Direktor der Rechtsabteilung der UNEP (UN-Umweltorganisation), die Entwicklung zusammen. »Richter und Gerichte spielen eine wesentliche Rolle bei der Bewältigung der Klimakrise.«

Das ist kaum zu leugnen, aber zugleich eine etwas eindimensionale Betrachtung der Entwicklung. Denn der stärker werdende Trend der Auslagerung von Entscheidungen zur Klimapolitik an die Gerichte ist mit einigen Schwierigkeiten verknüpft, nicht nur weil damit Verhaltensänderungen vor Gericht eingeklagt werden, für die es in demokratischen Wahlen eben häufig keine Mehrheiten gibt, sondern weil das auch massive Auswirkungen auf bürgerlichen Freiheiten hat.

In Deutschland sorgen seit einigen Jahren die Klagen der Deutschen Umwelthilfe zur Feinstaubbelastung für Furore. Ein wirkliches Erdbeben in rechtlicher Hinsicht war dann jedoch das im April 2021 ergangene Urteil des Bundesverfassungsgerichts zur Verfassungsbeschwerde gegen das Klimaschutzgesetz der Großen Koalition von 2019. Das Urteil fordert die Bundesregierung auf, einen »freiheitsschonenden Übergang in die Klimaneutralität« vorzubereiten und dabei die Fortschreibung der Minderungsziele für die Treibhausgasemissionen für die Zeiträume nach 2030 genauer zu definieren. Dieses Urteil hatte durchaus konkrete Folgen in der Politik: In Rekordzeit von gerade einmal zwei Monaten verschärfte die Bundesregierung das Klimaschutzgesetz und zog unter anderem den Zeitpunkt der zu erreichenden Klimaneutralität um fünf Jahre von 2050 auf 2045 vor.

Das Kernargument des Gerichts lautete dabei, dass »nicht einer Generation zugestanden werden darf, unter vergleichsweise milder Reduktionslast große Teile des CO_2-Budgets zu verbrauchen, wenn damit zugleich den nachfolgenden Generationen eine radikale Reduktionslast überlassen und deren Leben umfassenden Freiheitseinbußen ausgesetzt würde.« Vor diesem Hintergrund können im Sinne einer »intertemporalen Freiheitssicherung« künftig »selbst gravierende Freiheitseinbußen zum Schutz des Klimas verhältnismäßig und verfassungsrechtlich gerechtfertigt sein«. Mit dieser Entscheidung setzte das Gericht eine Forderung um, die in der deutschen Umweltbewegung spätestens seit Mitte der 1970er-Jahre zum großen Einmaleins gehört. Schon Herbert Gruhl, Mitbegründer der Grünen, forderte 1975 schließlich, »dass die Politik nicht die Anforderungen des Tages, sondern der Zukunft zur Grundlage ihrer Entscheidungen« machen möge.

Wenig überraschend löste die Entscheidung des Bundesverfassungsgerichts mit der faktischen Konstituierung eines neuen rechtlichen Imperativs der CO_2-Reduzierung in weiten Teilen des progressiven Spektrums Beifallsstürme aus – aber eben nicht nur dort. Selbst die unterlegene Seite – die Bundesregierung – stimmte in den Freudentaumel ein sowie auch weite Teile des deutschen Journalismus. »Auch wenn Karlsruhe das alles nicht vollständig ausbuchstabiert, im

Kern haben sie dort die Revolution des Freiheitsbegriffs vollzogen, ihn vom 20. ins 21. Jahrhundert gehoben«, jubelte etwa Bernd Ulrich in der *ZEIT*. Denn Freiheit sei in Zeiten der politischen Bearbeitung des Klimawandels »nun nicht mehr nur etwas, das man lebt und gegen den Staat geltend machen kann, Freiheit ist nun auch etwas, das man materiell und physisch verbrauchen kann. Und nicht darf.«

Freiheit als Verbot: Das klingt weniger nach Aufbruch in eine verheißungsvolle Zukunft als vielmehr nach altbekannten totalitären Euphemismen, die auch Bernd Ulrich aus der Historie des 20. Jahrhunderts bekannt vorkommen müssten. Und bietet sich das Konzept der »intertemporalen Freiheitssicherung« nicht auch auf der politischen Rechten sattsam zur Instrumentalisierung an, um künftige Generationen etwa vom Übel unausgeglichener Haushalte zu befreien? Ein größeres Einfallstor für fast beliebige Einschränkungen ließe sich kaum denken.

Denn ungeachtet der im Urteil durchaus zu identifizierenden Relativierungen bleibt der Umstand, dass mit diesem Richterspruch künftige Einschränkungen von Freiheitsrechten keinen Anspruch auf ein verfassungsrechtliches Veto mehr haben. Das Bundesverfassungsgericht spricht explizit davon, dass »von künftigen Emissionsminderungspflichten praktisch jegliche Freiheit potentiell betroffen« ist. Als konzeptionell problematisch erscheint dabei insbesondere die dem Urteil zugrunde liegende Annahme, dass eine gesellschaftliche Umsteuerung in Richtung auf Klimaneutralität nur auf Kosten der Freiheit zu bewerkstelligen ist. Der starre Rigorismus, den liberale und konservative Kräfte in der Vergangenheit stets in der dogmatischen Verknüpfung von Eigentumsrechten mit Freiheitsrechten an den Tag legten, scheint sich nun beim Klimaschutz mit CO_2-Budgets zu wiederholen. Nur ist Freiheit nun nicht mehr gleichbedeutend mit Eigentum, sondern mit dem Kohlendioxid-Haushalt. Und für das Bundesverfassungsgericht scheint klar zu sein, dass der Schutz dieses Haushalts nur ein illiberaler sein kann.

Freiheit als endliches Gut, das von der Freiheit selbst aufgezehrt wird: Mit einem solchen Freiheitsbegriff gelangt man atemberaubend schnell auf eine schiefe Ebene, auf der auch die Orwell'sche Vorstellung gedeiht, dass die Freiheit nun endlich umfassend »von der Freiheit befreit« werden müsse. Fragwürdig erscheint an dem Urteil nicht zuletzt, dass die Autonomie künftiger Willenserklärungen des Souveräns, also der Bevölkerung, in ein Korsett nicht weiter zu hinterfragender Leitplanken gezwängt wird. Dies aber geschieht zwangsläufig bei einem wissenschaftlichen und technologischen Kenntnisstand, der in der Gegenwart verwurzelt und daher künftig zwingend veraltet sein wird. Damit aber maßt sich das Bundesverfassungsgericht eine Prognosefähigkeit in die technischen Parameter des Klimawandels an, die kaum aufrechtzuerhalten ist und einen klaren Eingriff in das »Prärogativ des Parlaments« darstellt, wie nicht zuletzt der Politikwissenschaftler Wolfgang Merkel feststellt. Schließlich enthalte »der Blick in die Zukunft immer eine Restspekulation«.

Bestimmende Teile der Klimabewegung mögen Urteile wie das des Bundesverfassungsgerichts in der aktuellen klimapolitischen Klagewelle als Erfolge feiern. Und sicher ist es ohnehin erfreulich, wenn etwa klimaschädigende Industrien gerichtlich dazu gezwungen werden, sich an Recht und Gesetz zu halten. Doch es wird dabei übersehen, dass eine Politisierung insbesondere der höchsten Gerichte eine zweischneidige Angelegenheit ist. Denn der Versuch, politische Grundsatzentscheidungen über den Umweg der Gerichte vom parlamentarischen Prozess zu entfernen und damit in Teilen zu entdemokratisieren, dürfte langfristig eben nicht eine Stärkung der Politik durch die Erhabenheit der Justiz zur Folge haben, sondern die Infragestellung der höchstrichterlichen Neutralität. In Teilen der deutschen extremen Rechten zumindest ist dieser Prozess in vollem Gange.

»Ab sofort muss endlich nicht mehr darüber diskutiert werden, ob so schnell wie möglich so viel wie möglich CO_2 eingespart werden sollte«, freut sich die Journalistin Petra Pinzler über die »ganz wunderbare« und vor allem »radikale Veränderung in der Umweltpolitik«. Die Freude sei ihr gegönnt. Doch mit der Prognose über ein Ende der Diskussion dürfte sie falsch liegen. Denn das Urteil des Bundesverfassungsgerichts verweist explizit auf den Ausgleich des Klimaschutzes

»mit anderen Verfassungsrechtsgütern«, der nun erforderlich werde. Es beendet deswegen nicht die Diskussion, sondern hebt sie auf eine moralisch aufgeladenere Ebene, die letztlich den Extrempositionen an beiden Enden des politischen Spektrums besonders zupasskommen dürfte.

Haben wir es in Anbetracht dieser Entwicklungen auf den vier Ebenen von Ziblatt und Levitzky in Teilen der Klimabewegung nun tatsächlich mit autoritären Tendenzen zu tun? Eine angesichts der globalen Dimension der Bewegung wirklich umfassende Bewertung ist in der hier erforderlichen Kürze kaum zu leisten. Allerdings lassen sich schon bei der hier nur kursorischen Bestandsaufnahme durchaus fragwürdige Tendenzen feststellen. Zumindest die Bausteine einer autoritären Versuchung jedenfalls liegen bereit.

Selbstentmündigung als Ideal?

Für das gesellschaftliche Ideal der Freiheit in Zeiten der Klimawandels ist insbesondere die merkwürdige Popularität bezeichnend, derer sich zumindest in Umfragen in Deutschland rechtlich verordnete Freiheitsbegrenzung zum Zwecke des Klimaschutzes erfreut. Der öffentliche Rückhalt für Freiheitseinschränkungen ist dabei so groß, dass hier – jedenfalls bisher – kaum mit umfassendem Widerstand gegen staatlichen *Overreach* zu rechnen ist.

So verweist eine aktuelle Studie der Universität Bielefeld darauf, dass knapp über zwei Drittel der Befragten einer Untersuchung damit einverstanden wären, »ähnliche oder andere Einschränkungen ihrer individuellen Grundrechte« wie in der Coronakrise hinzunehmen, wenn dies dem Erreichen der Klimaziele diene. Das aber wird von den Machern der Studie bezeichnenderweise nicht als besorgniserregender Befund thematisiert. Im Gegenteil: Eine der Projektleiterinnen zeigt sich vielmehr besorgt über die Stimmen, die Grundrechtseinschränkungen skeptisch sehen. Schließlich hätten diese noch nicht begriffen, dass es hier nicht um Grundrechte gehe, »sondern um Privilegien, auf die niemand ein Anrecht« habe. Auch so lässt sich die Abwendung von Teilen des akademischen Milieus vom Ideal der Freiheit illustrieren.

Eine aktuelle Untersuchung der Organisation *More in Common* in Deutschland kommt zu ähnlichen Schlüssen. 66 Prozent der Befragten halten zusätzliche Vorschriften und Regeln in Sachen Klimaschutz augenscheinlich für dringend erforderlich. Dabei sind 46 Prozent der Befragten der Auffassung, selbst schon »in etwa das richtige Maß«, »eher zu viel« oder »viel zu viel« in Sachen Klimaschutz zu leisten. Das Problem, so wird deutlich, sind also eher die *anderen*, die sich bislang noch nicht ausreichend engagieren. Ein solches Verhalten aber müsse »kontrolliert und vorgeschrieben werden«, wie eine Stimme aus einer Fokusgruppe der Studie es formuliert. Gerade einmal 12 Prozent der Befragten haben dabei den Eindruck, ihre »demokratischen Rechte und Freiheiten« verdienten besondere politische Aufmerksamkeit.

Hinter solchen Zahlen zur erwünschten Disziplinierung per Gesetz steht einerseits die Wahrnehmung einer wirklich existenziellen Krise, die mit Freiwilligkeit schlicht nicht bearbeitet werden kann. Eine YouGov-Umfrage aus dem Jahr 2019 zeigt, dass zum Teil deutliche Mehrheiten der Bevölkerung in elf Ländern davon überzeugt sind, dass der Klimawandel die »Auslöschung der Menschheit« zur Folge haben wird. In Anbetracht einer solchen verbreiteten existenziellen Furcht erscheint der Ruf nach radikalen Maßnahmen als nur konsequent. Doch wer so etwas heute aus Sorge um das Klima begrüßt, sollte sich der Konsequenzen bewusst sein. Denn je stärker radikale Alternativlosigkeit konstatiert wird, desto schwieriger dürfte es langfristig werden, sich auch gegen im linken Lager nach wie vor tabubehaftete Maßnahmen in Sachen Klimapolitik zu wehren – Stichwort Geoengineering oder Kernenergie. »Verzweifelte Situationen erfordern verzweifelte Maßnahmen«, lautet die entsprechende Maxime.

Letztlich steht hinter den Forderungen nach umfassender Verregelung des Alltagsverhaltens das Postulat nach klimabesorgter gesellschaftlicher Selbstentmündigung. Der Einzelne sei nicht mehr fähig – so die Lesart –, eigenverantwortlich die für eine rationale Klimabilanz notwendigen Schritte zu tun. Erforderlich sei deshalb ein Akt der punktuellen Selbstentmächtigung, in dem ein vorausschauendes und tugendhaftes Über-Ich die Verantwortung des Einzelnen an die Gemeinschaft delegiere. Das Ziel: die Entlastung des Individuums von der Verantwortung über den Weg der gesellschaftlichen Anordnung. Das aber erinnert in Grundzügen durchaus an das, was Theodor Adorno den »autoritären Charakter« nennt: den Unwillen, die Bequemlichkeit der selbstverschuldeten Unmündigkeit des Einzelnen aufzugeben. Und es ist das exakte Gegenteil der »Selbstermächtigung«, für die etwa stets Joachim Gauck plädierte.

Ist deshalb also Verbieten jetzt verboten? Nein. Denn natürlich ist nicht jedes Verbot unsinnig und illegitim. Und gerade in der Klimakrise wäre ein Lobgesang auf rein negative Freiheiten kurzsichtig. Schon John Stuart Mills Freiheitsbegriff umfasst schließlich ausdrücklich die Einsicht, dass »die Verhinderung des Schadens von anderen« den einzigen Zweck darstelle, »für den Macht rechtmäßig über ein Mitglied einer zivilisierten Gesellschaft ausgeübt werden kann«.

Um es konkret zu machen: Das Auslaufen von Verbrennungsmotoren oder der Abbau klimaschädlicher Subventionen stellen sicher keine übergriffigen Einschränkungen der Freiheit dar. Nicht jede Beschränkung in der technischen Umsetzung von Bedürfnisbefriedigungen ist ein Ausdruck von anmaßender Bevormundung. »Die Rationierung von Trinkwasser in einem Rettungsboot ist keine Tyrannei«, erkannte unlängst selbst ein Kommentator des *Wall Street Journal*. Doch über dem Verteilungskampf um die vermeintlich letzten Tropfen sollte die Navigation ans rettende Ufer nicht vernachlässigt werden.

Denn die Politik der individuellen Alltagseinschränkung – etwa über verordnete fleischlose Tage in Kantinen, zugeteilte Flugberechtigungsscheine oder, wie von der Klimaaktivistin Nina Noblé gefordert, ein Verbot von mehr als zwölf Autofahrten im Jahr – ist zwar gesellschaftlich polarisierend und womöglich auch moralisch erhebend, aber ganz sicher nicht langfristig effektiv in der Bekämpfung der Erderhitzung. Selbst die komplette Einstellung des weltweiten Flugverkehrs hätte eine Reduktion der weltweiten Treibhausgasemissionen um gerade einmal 3 Prozent zur Folge. Das Bild der vielen kleinen Verhaltensänderungen, die sich wundersamerweise in der Wirkung potenzieren, ist hier so verlockend wie falsch. Kleine Anpassungen im großen Ganzen werden eben keine große Wirkung erzielen. Zumindest nicht in der Klimabilanz. Konkret spürbar und belastend dürften sie hingegen in jedem individuellen Leben sein, in dem künftig jede Aktivität unter dem Damoklesschwert eines möglicherweise überhöhten CO_2-Verbrauchs steht.

Ist dies ein Plädoyer für ein »Weiter so« im Alltag? Nein. Gut, wenn Menschen sich vegetarisch ernähren möchten und ihre Bewegungsmuster nach Gesichtspunkten der Nachhaltigkeit gestalten. Und dies ist auch kein Ruf nach einem Fatalismus der Resilienz, in der wir uns künftig darauf beschränken, »als vornehmste Aufgabe das selbst verschuldete Chaos um uns herum zu meistern«, anstatt uns auf den Weg zu machen, die Ursachen der Krise zu beheben – wie mein Kollege Jochen Steinhilber richtig feststellt.

Doch zu fragen ist, ob und inwieweit der Weg zu einer neuen Klimapolitik, sofern er über Tugend- und Verzichtsappelle sowie angeordnete Einschränkungen des individuellen Lebensstils erzwungen wird, demokratisch, freiheitlich und effizient ist. Ist die von der Politik, dem Bundesverfassungsgericht und weiten Teilen der Bevölkerung angenommene Unvereinbarkeit von Freiheit und Klimasicherheit tatsächlich so eindeutig, dass Freiheit nur noch als Verbotsdividende gedacht werden kann? Zu fragen ist dabei insbesondere nach der Effektivität von Politikansätzen, mit denen das globale Phänomen des Klimawandels durch einen Katechismus klimaschonenden Individualverhaltens in einer überschaubaren Anzahl westlicher Industriestaaten (beziehungsweise vorläufig nur in deren postmateriell saturierten Milieus) verhindert werden soll. Nicht staatlich verhängte Freiheitseinbußen im Alltag der Einzelnen werden die Transformation in Richtung Nachhaltigkeit in die Wege leiten, sondern zügige und umfassende staatliche Steuerung an den entscheidenden Weichen der Industrie-, Energie-, und Infrastrukturpolitik. Diskussionen, die diese Wahrheit außen vor lassen, lenken die politische Aufmerksamkeit auf Nebensächlichkeiten und erweisen dem Klimaschutz und der Freiheit als gesellschaftlichem Ideal einen Bärendienst.

Es ist mehr als einsichtig, dass es die Einzelnen überfordert, wenn auf sie die Verantwortung für die Bearbeitung der globalen Klimakrise abgewälzt wird. Darauf reagieren sie naheliegenderweise mit dem Versuch der Delegation an die Gemeinschaft, die dann auf dem Weg der Verregelung das erwünschte Individualverhalten gesamtgesellschaftlich erzwingen soll. Das ist zwar verständlich, aber nicht nur massiv freiheitsschädigend (und ineffektiv), sondern auch genau die Art von Reaktion, die man sich aus der Perspektive klimaschädigender und dem Status quo verhafteter Großindustrien nicht besser ausmalen könnte. Denn man untergräbt dadurch die Popularität des Klimaschutzes durch umstrittene Alltagsvorgaben, mit deren demokratischer Ablehnung klimaschützende industrielle Umsteuerung gleich mit abgeräumt wird.

Nur eine Fußnote, doch gleichwohl aufschlussreich ist in diesem Zusammenhang die Tatsache, dass ausgerechnet das Konzept eines individuellen Co2-Fußabdrucks auf eine PR-Idee der Erdölindustrie zurückgeführt werden kann. Der US-Klimaforscher Michael Mann weist in seinem aktuellen Buch *The New Climate War* darauf hin, dass das Management von British Petroleum (BP) einst mit diesem von ihm geprägten Begriff die Hoffnung verknüpfte, Verantwortung für die schädlichen Praktiken der Industrie auf die einzelnen Konsumenten abwälzen zu können. Ein Plan, der, wie sich herausstellte, recht gut funktioniert.

Auch die in Teilen der Klimabewegung verbreitete Analogie zwischen der Klimakrise und der gesellschaftlichen Reaktion auf die Pandemie führt hier in die Irre. »Die Pandemie zeigt uns wieder einmal, dass große, schnelle Veränderungen in der gesellschaftlichen Ausrichtung möglich sind«, argumentiert etwa Naomi Klein. »Es ist möglich, alles zu ändern.« Auf den ersten Blick scheint dieser Vergleich statthaft. Wurden nicht im Rahmen der Pandemiebekämpfung einzigartige gesellschaftliche Ressourcen mobilisiert? Doch die Analogien sind nur scheinbar plausibel. Denn die Pandemie hat gesellschaftliche Prozesse ja eben nicht auf die Schnelle grundsätzlich transformiert, sondern gesellschaftliche Aktivitäten lediglich schmerzhaft eingefroren. Gesellschaftlicher Stillstand aber ist das exakte Gegenteil von dem, was in Bezug auf die Klimakrise jetzt vonnöten ist. Denn wie populär wären den Lockdowns vergleichbare Einschränkungen, wenn sie nicht für Monate, sondern dauerhaft verhängt würden?

Unterschätzt wird in antifreiheitlichen Ansätzen, die auf individuelle Rechteeinschränkungen bauen, dabei stets die Rolle, die ein organisch einsetzender Kulturwandel auf das Verhalten von Einzelnen *und* Gesellschaften hat – und zwar weitgehend ohne freiheitseinschränkende Verbote für den Einzelnen. Eine aktuelle Umfrage der Friedrich-Ebert-Stiftung belegt, dass der Anteil von »Klimaskeptikern« in der deutschen Bevölkerung rapide gesunken ist. Noch im Jahr 2011 waren fast 40 Prozent der Menschen skeptisch, was die Existenz eines menschengemachten Klimawandels angeht. In nur einer Dekade hat sich dieser Anteil halbiert. Auch globale Umfragen belegen, dass ein Umdenken weltweit im Gange ist.

»Freiheit ist die Einsicht in die Notwendigkeit«, schrieb schon Georg Wilhelm Friedrich Hegel. Die Moralisierung und Regulierung individuellen Konsumverhaltens, die gerade in der öffentlichen Debatte so dominant sind und alltagswirksame Freiheiten für viele so schmerzlich zu reduzieren drohen, sei es in Sachen Ernährungs-, Wohn- oder Reiseverhalten oder gar Familienplanung, geht am Kern der tatsächlich erforderlichen gesellschaftlichen Transformation vorbei. Zwar spielen dabei auch Verhalten und Lebensstil des Einzelnen eine Rolle, ein Fokus jedoch auf moralisch aufgeladene Klimaentscheidungen droht die organische Entwicklung einer populären klimafreundlichen Politik zu behindern. Diese sollte eben nicht über die Umwege von Gerichtsentscheidungen oder über die Beschwörung eines Klimanotstands Wirkung entfalten, sondern über die regulären Pfade der gesellschaftlichen Steuerung.

Dabei aber sind nicht nur die internationale und die gesamtstaatliche Ebene der politischen Debatte in den Blick zu nehmen, sondern viel stärker auch die lokale und regionale. Ein Blick auf internationale Klimaabkommen belegt, dass weltweit kein Mangel herrscht an formalen Willenserklärungen, sondern an deren konkreter Umsetzung in der innenpolitischen Realität. Hier eröffnet nicht zuletzt eine stärkere Fokussierung auf lokale demokratische Umsteuerungen im Sinne einer nachhaltigeren Lebens- und Produktionsweise einen freiheitsschonenderen und demokratisch besser legitimierten Weg als verordnete Top-down-Lösungen. Versuche, die sozialökologische Transformation mithilfe von basisdemokratischen lokalen Entscheidungsgremien zu intensivieren, sind dabei äußerst vielversprechend.

Doch können wir es uns erlauben, auf einen organischen Wertewandel zu setzen, wenn wir in Anbetracht klimatischer Kipppunkte keine Zeit mehr verlieren dürfen? Der Einwand ist gerechtfertigt. Selbstverständlich ist es höchste Zeit zu handeln. Aber gerade deshalb sollten wir unsere Mittel dort einsetzen, wo sie unmittelbar die schnellste und größte Wirkung erzielen, und unser politisches Kapital nicht in der Bekämpfung von klimapolitischen Mikroaggressionen oder in den damit verbundenen polarisierenden Kulturkämpfen verschwenden.

Denn was wäre die Alternative? Jede erzwungene antifreiheitliche Transformation dürfte über kurz oder lang einen politischen *Backlash* mit sich bringen, der eine politisch nachhaltige Bearbeitung der Klimakrise erst recht infrage stellt oder gar verhindert. Eine freiheitliche Lösung der Klimakrise sollte deshalb nicht auf Verbote und Freiheitseinbußen im Alltag der Einzelnen setzen, sondern auf politische Steuerung, auf Anreize, auf massive Investitionen und auf die Entfaltung menschlicher Potenziale. Zielführender als Lifestyle-Reglements ist nicht zuletzt auch – wie etwa der grüne Vordenker Ralf Fücks betont – eine positive Bewertung des technischen Fortschritts in einer »ökologischen Marktwirtschaft«. Wir brauchen keine verordneten Post-Wachstumsfantasien, sondern ein ökologisches Wirtschaftswunder. »Innovation ist nicht das Einzige, was wir brauchen. Aber ohne sie werden wir die Erde nicht bewohnbar halten können«, fasst auch Bill Gates einen technisch lösungszentrierten Ansatz zusammen.

Die Gretchenfrage in Bezug auf die Freiheit gerade für besonders progressive Kräfte jedoch lautet, ob eine *solche* Transformation politisch erwünscht ist – oder ob sie es je ernsthaft war. In Deutschland, so meint der Berliner Philosoph Leander Scholz, kann man sich in

Bezug auf manch radikale Stimme bisweilen nicht des Eindrucks erwehren, im Zuge transformativer Umwälzungen solle nun »die Natur das revolutionäre Geschäft« erledigen, das anders nicht zu Ende geführt werden kann. In einer solchen Lesart ist der Erhalt des Status quo selbst dann nicht wünschenswert, wenn dieser durch technische Entwicklungen ökologisch nachhaltig geworden wäre. Analog zu der Marxschen Breitseite gegen reformorientierten »Bourgeoissozialismus«, der gesellschaftliche Missstände lediglich überwinden wolle, »um den Bestand der bürgerlichen Gesellschaft zu sichern«, taucht hier die Chimäre eines Klimaschutzes auf, der mit dem Status quo vermeintlich zu kompatibel ist und revolutionär erforderliches Potenzial nicht nutzt, sondern verrät.

Die Aktivierung von gesellschaftlichen und technischen Innovationspotenzialen jedoch dürfte nicht nur die Bekämpfung des Klimawandels effizienter gestalten, sondern auch das bestehende Spannungsverhältnis zu freiheitlichen Prinzipien der Selbstbestimmung entschärfen. Benötigt werden freigesetzte Potenziale statt dogmatische Ansätze des Verzichts, in denen die Bürgerinnen und Bürger nicht als aufgeklärte Akteure begriffen werden, sondern als Risikofaktoren, die im Sinne des klimapolitischen Imperativs in ihrem eigenen Interesse endlich von der Versuchung individuellen Fehlverhaltens befreit werden müssen. Und letztlich von der Freiheit selbst.

Kapitel 7
Ausblick: Von wahren, falschen und fehlenden Freunden der Freiheit

»Wer Menschheit sagt, will betrügen«, schrieb der Haus-und-Hof-Staatsrechtler des Nationalsozialismus Carl Schmitt. Wer Freiheit sagt – so könnte man nach der Lektüre der vorangegangenen Seiten meinen –, hat häufig schon betrogen. Gibt es auch nur ein politisches Ziel, ein Verbrechen im reichhaltigen Fundus der Geschichte der menschlichen Niedertracht, eine Kampagne, eine Zumutung und eine Irreführung, die nicht feierlich auch im Namen der Freiheit begangen wurde und wird?

Doch was für einen Nutzen hat ein Ideal, das – wie in den zurückliegenden Kapiteln dargelegt wurde – beschworen wird, um die Pandemiebekämpfung zu verteidigen – und infrage zu stellen? Die Digitalisierung einzuhegen – und voranzutreiben? Eine offene Debatte zu glorifizieren – und sie einzuschränken? Sowie den Klimawandel zu bekämpfen – und ihn zu leugnen?

Ausgangspunkt dieses Essays »Vom Ende der Freiheit« war die Beobachtung, dass sich das Ideal der Freiheit in einer einzigartigen Krise befindet, in der sich nicht nur alte Feinde zu neuen Allianzen zusammenfinden, sondern sich auch alte Freunde der Freiheit von ihr abwenden. In den zurückliegenden Kapiteln wurden die vielschichtigen Konstellationen skizziert, in denen häufig nun auch ausgerechnet diejenigen gesellschaftlichen Kräfte von der Freiheit abrücken, die sie in der Vergangenheit eindringlich beschworen.

Am Beispiel der Pandemiebekämpfung wurde gezeigt, dass die Orientierung am autoritären Vorbild China von maßgeblichen Stimmen des progressiven Spektrums als augenscheinlich alternativlos hingenommen wird, auch um sich vom vermeintlich verantwortungslosen Nichtstun des politischen Gegners abzuheben. Damit aber riskieren progressive Kräfte das Verfestigen antifreiheitlicher Reaktionsmuster nicht zuletzt in künftigen gesellschaftlichen Krisen.

Im Kapitel zu den aktuell so verbittert ausgetragenen identitätspolitischen Kulturkämpfen wurde ein ähnlicher Trend festgestellt: eine fast schon reflexhafte Hinnahme von ideologischen Versatzstücken, die grundlegenden Prinzipien eines humanistischen Menschenbildes und emanzipatorischen Ansätzen gerade fortschrittlicher Kräfte zuwiderlaufen. Progressive Stimmen, die diese partikularistischen identitätspolitischen Impulse verstärken oder bagatellisieren, untergraben nicht nur gesellschaftlichen Zusammenhalt und Freiheit, sondern auch das eigene Wertefundament – und somit letztlich sich selbst.

Deutlich ist dies auch im aktuellen Ringen um den gesellschaftlichen Wert der Meinungsfreiheit zu beobachten, wie im entsprechenden Kapitel dargelegt wurde. Hier stellen sich nun ausgerechnet auch progressive Stimmen, die in der Vergangenheit selbst unter staatlicher Bevormundung litten, vergleichsweise kritiklos auf die Seite intransparenter Kontrollinstanzen – mit gravierenden langfristigen Folgen für einen freien und demokratischen Diskurs.

Ähnlich bedenkliche Tendenzen sind in Bezug auf die Herausforderung der allumfassenden digitalen Revolution zu verzeichnen. Hier neigen Teile des progressiven Lagers mittlerweile dazu, die egalitäre Dimensionen der Digitalisierung gerade in der Kommunikation zu übersehen und bestehenden Herausforderungen mit Maßnahmen zu begegnen, die nicht nur ineffizient sind, sondern auch kontraproduktiv und freiheitsschädigend.

Und die Klimakrise? Hier ist akutes Handeln angesichts eines desolaten Status quo zweifellos erforderlich. Doch auch in der Bearbeitung dieser Herausforderungen – so wurde gezeigt – sind gerade in Teilen des progressiven Lagers freiheitskritische Tendenzen zu beobachten, die die demokratische Nachhaltigkeit des Klimaschutzes langfristig eher reduzieren als befördern.

Die in den zurückliegenden Seiten aufgezeigte merkwürdige Geringschätzung der Freiheit eben nicht nur auf der Rechten, sondern zunehmend auch in Teilen des progressiven Milieus ist gerade angesichts der Bedeutung befremdlich, die die Freiheit für fortschrittliche Bewegungen historisch gehabt hat. Ja: Auch die Linke hat Freiheitsideale immer wieder pervertiert. Nicht zuletzt die Leichenberge der kommunistischen Diktaturen der Sowjetunion und der Volksrepublik China belegen die Konsequenzen dieses Totalitarismus von links.

Doch als Leitwert hat die Freiheit den Horizont progressiver Politik stets (mit)definiert. Schon für Karl Marx war Kritik am Kapitalismus schließlich kein Selbstzweck, sondern Wegweiser in das »Reich der Freiheit«. Erst in diesem würden die Menschen – wie von Marx und Friedrich Engels in *Die deutsche Ideologie* beschrieben – von Ausbeutung und Zwängen frei sein, »heute dies, morgen jenes zu tun, morgens zu jagen, nachmittags zu fischen, abends Viehzucht zu treiben, nach dem Essen zu kritisieren«. Und auch für den Gründer des *Allgemeinen Deutschen Arbeitervereins*, Ferdinand Lassalle, war stets klar, dass »der Arbeiter die Erfüllung seiner legitimen Interessen nur von der politischen Freiheit erwarten« kann. Als auf dem Stiftungsfest des Arbeitervereins am 21. Juni 1873 die Parteifahne der Bewegung geweiht wurde, prangte auf ihr der Dreiklang der Französischen Revolution »Freiheit, Gleichheit, Brüderlichkeit«, mit der Freiheit nicht zufällig an erster Stelle.

»Für Freiheit, Recht und Brot« lautet auch die erste Strophe der »Arbeiter-Marseillaise« von Jakob Audorf. Russische Revolutionäre und deutsche Gewerkschafter sangen selbstbewusst und optimistisch »Brüder, zur Sonne, zur Freiheit«, und in der Weimarer Republik wandten sich linke Sozialdemokraten mittels der USPD-Parteizeitung *Die Freiheit* an die Öffentlichkeit. Schließlich gab auch Willy Brandt zu Protokoll, »ohne Wenn und Aber« sei Freiheit »neben dem Frieden wichtiger als alles andere«. Selbst seiner Biografie verlieh Brandt den programmatischen Titel *Links und frei*.

Und natürlich verortete sich die Linke durch die 50er-, 60er- und 70er-Jahre des vergangenen Jahrhunderts hindurch weltweit stets unerschütterlich an der Seite des antikolonialistischen Kampfes des globalen Südens. Dabei ließen Persönlichkeiten wie der erste Premier des unabhängigen Tansania, Julius Nyerere, nie einen Zweifel daran, dass dieser Kampf eben einen Kampf um die *Freiheit* darstellte.

Heute hingegen verdichtet sich der Eindruck, dass sich in Teilen des progressiven Lagers zunehmend eine skeptische Sicht nicht nur auf die Freiheit, sondern auch auf den Träger des gesellschaftlichen Fortschritts selbst breitgemacht hat. Die Akteure, die unter dem Banner der Freiheit »mit uns in die neue Zeit ziehen« sollen, werden in Teilen des fortschrittlichen Milieus in Zeiten der vermeintlichen allgegenwärtigen krisenbedingten Alternativlosigkeit nicht mehr zuversichtlich als Mitstreiter und Genossen, sondern als unsichere Kantonisten wahrgenommen. Ihnen sollte ein Zuviel an Autonomie besser nicht eingeräumt werden, so scheint es. Der niederländische Politikwissenschaftler und Sozialdemokrat René Cuperus spricht hier selbstkritisch von einer Art »Demophobie«, die das Selbstverständnis progressiver Kräfte bisweilen geradezu ins Absurde zu verdrehen drohe. Ein klassisches Beispiel für diese Sicht ist Hillary Clintons Spott über den »basket of deplorables«, denen ein demokratisches Durchregieren weder zuzutrauen ist noch allen Ernstes gewünscht werden kann.

Auch direktdemokratische Entscheidungsmechanismen, Referenden und Plebiszite werden von progressiver Warte aus zunehmend infrage gestellt. Allzu viel Handlungsfreiheit für die »Menschen da draußen im Land«, so scheint in dieser Wahrnehmung mehr oder weniger offen durch, ist mit unkalkulierbaren Risiken behaftet. Zu viel ungefilterte Demokratie – so die Befürchtung – führe nur dazu, dass die nächste Trump-Brexit-Achterbahnfahrt des politischen Unverstands ansteht.

Hier drängt sich in Teilen des progressiven Spektrums geradezu der Eindruck auf, dass Freiheit als gesellschaftliches Ideal genau in dem Maße an Leuchtkraft verliert, in dem progressive Kräfte an gesellschaftlicher Hegemonie gewinnen. Ein bezeichnendes Beispiel für diese Denkrichtung ist der US-Politikwissenschaftler Jason Brennan, der ein ganzes Buch über die Frage verfasst hat, weshalb demokratische Entscheidungen nun am besten den Experten vorbehalten bleiben sollten. »Genauso wie wir Emissionen regulieren, um die Luftverschmutzung zu verringern«, meint Brennan, sei »auch die Wahlbeteiligung [zu] regulieren, um die Wahlverschmutzung zu verringern«. Weniger Demokratie wagen: Auch mit dieser Haltung erhält man heute bisweilen Beifall von progressiver Seite. »Ein wichtiges neues Buch«, befand etwa die *Washington Post*, von der nicht bekannt ist, ob sie die nicht zu ihrer Stammleserschaft zählende Öffentlichkeit auflösen und sich eine neue wählen möchte.

Für gesellschaftliche Kräfte, die sich den Grundwerten von Freiheit, Gerechtigkeit und Solidarität verpflichtet fühlen, muss rätselhaft bleiben, weshalb sie sich an einem solchen Ausverkauf der eigenen Werte und an einem solchen Misstrauensvotum gegenüber der Demokratie beteiligen sollten. Liegt hierin nicht womöglich eine entscheidende Ursache auch für den schwindenden öffentlichen Rückhalt manch einer progressiven politischen Partei?

»Der Wiedergewinn der gesellschaftlichen Meinungsführerschaft und der politischen Mehrheitsfähigkeit sozialdemokratischer Parteien wird gelingen, wenn sie das liberale Erbe wiederentdecken und mit aller Entschiedenheit zu ihrer eigenen Sache zu machen verstehen«, schrieb Oliver Schmolke schon vor einigen Jahren in *Zur Freiheit. Ein linksliberales Manifest*. Für Schmolke stand fest, dass progressive Parteien »genau besehen damit zu sich selbst zurückfinden«. Heute – so scheint es – hat manch eine Partei im Prozess der Selbstentfremdung von der Freiheit eher noch einen Zahn zugelegt. Während Rechte gegen den Liberalismus hetzen, aber das Hohelied auf die Freiheit intonieren, beschwören Teile der Linken den kulturellen Liberalismus, aber wenden sich von der Freiheit ab. Das aber ist so gefährlich wie tragisch, denn gerade auf der Linken kann Freiheit als wirklich allgemeiner Wert gedacht werden, der eben nicht auf die Stärkung von Sonderrechten für Eliten oder einen monolithisch begriffenen Volkskörper abzielt, sondern die Freiheit aller meint und in den Blick nimmt.

Doch nicht nur ein Zuviel an direkter Demokratie wird heute in Umdrehung des traditionellen Gegensatzes zwischen rechts und links insbesondere in Teilen des *Juste Milieus* als problematisch betrachtet, sondern auch das Konzept der Freiheit selbst. »Die schöne liberale Freiheit ist toxisch geworden«, befand im Frühsommer 2021 ausgerechnet ein Essay in der liberalen *ZEIT* und beklagte die »selbstzerstörerische Praxis der Freiheit«, die in Zeiten der Pandemie »für Mitmenschen lebensgefährlich« geworden sei. Die Freiheit als lebensgefährliche, toxische Praxis – ist eine schärfere Abkehr denkbar?

Dabei scheint sich Freiheit – wie vom großen Freiheitsdenker Isaiah Berlin befürchtet – für manchen progressiven Beobachter mittlerweile vornehmlich in antifreiheitlicher Form zu präsentieren. Ihre eigentliche Bestimmung erzielt die Freiheit in dieser Sicht erst in einer Art aufgeklärten Selbstüberwindung – wie etwa im Kapitel zur Klimakrise dargelegt wurde. »Unterm Strich könnte durch das Verbot die Freiheit eher zunehmen«, erklärt etwa Till van Treeck, Geschäftsführender Direktor des Instituts für Sozioökonomie der Universität Duisburg-Essen in einem aktuellen Gespräch mit der *ZEIT*. Selbst das Privateigentum stelle schließlich einen »Freiheitsentzug« dar, nämlich für die, »die das Recht an dieser Sache nicht haben«. »Das Nachdenken über den Freiheitsbegriff [sei] offener geworden«, meint Van Treck. Das »enge Verständnis von Freiheit« werde endlich überwunden.

Das ist in diesen Äußerungen in der Tat kaum zu übersehen. Zu fragen aber ist, in welche Zukunft eine solche Überwindung des »engen Verständnisses von Freiheit« führt und was diese Zukunft aus freiheitsfördernden Verboten noch mit dem Alltagsverständnis von Freiheit als Abwesenheit von Fremdbestimmung zu tun hat. Offensichtlich nicht mehr viel.

Denn wie eingangs ausgeführt, benötigt die Demokratie ein komplementäres Ineinandergreifen von negativen und positiven Freiheitsbegriffen im Sinne einer Balance. In der aktuellen Diskussion allerdings sind gerade wohlmeinende positive Freiheitsbegriffe der Gefahr ausgesetzt, instrumentalisiert und in ihr Gegenteil verkehrt zu werden. Es ist sicher richtig, dass in jedem Freiheitsbegriff ein Pfad in die Bevormundung angelegt ist. Doch mit der Überzeugung, dass Freiheit künftig in erster Linie durch die Beförderung ihres Gegenteils gestärkt werden kann, wird dieser Weg asphaltiert.

Die Gefahr liegt in einer inhärenten Tendenz zum Paternalismus, der sich anmaßt, über einen klarsichtigeren Zugang zu individuellen Interessen zu verfügen als die im Verblendungszusammenhang »bürgerlicher Freiheiten« gefangenen betroffenen Menschen selbst. »Allseitige Duldung wird fragwürdig, wenn ihre rationale Grundlage nicht mehr besteht, wenn Toleranz manipulierten und geschulten Individuen verordnet wird, die die Meinung ihrer Herren als ihre eigene nachplappern«, argumentierte schließlich schon Herbert Marcuse in gefährlicher Arroganz. Die fragwürdige Folge ist so naheliegend wie moralisch anmaßend: wohlmeinender Druck, die Menschen auf den rechten Pfad der *eigentlichen* Freiheit zu führen – selbstredend im Auftrag der Freiheit selbst. Wenn aber Freiheit nur noch zu einer Spielart des Zwangs gerät und auch ausufernde Verbote stets noch der eigentlichen Befreiung dienen, ist die Debatte nicht mehr allzu weit von der Dystopie George Orwells entfernt, in der sich zwei und zwei nicht auf vier, sondern auf fünf addieren und Krieg nur ein anderes Wort für Frieden ist.

Wie eingangs skizziert, wird das Plädoyer für die Freiheit in Teilen des fortschrittlichen Lagers heute oft unter den Generalverdacht einer rechten Verschwörung gestellt. Freiheit sei mittlerweile ein »Rammbock gegen die Demokratie«, schreibt die niederländische Politologin Annelien de Dijn. Und jede Verteidigung der Freiheit läuft Gefahr, von antifreiheitlichen Kräften missverstanden und missbraucht zu werden. Das ist leider nicht zu verhindern.

Doch damit ist ein nur scheinbar widersprüchlicher Auftrag nicht nur an progressive, sondern an alle demokratischen Kräfte verbunden: Gerade wenn die Freiheit in diesen Tagen der Krisen von falschen Freunden vereinnahmt und gefeiert wird, ist es erst recht die Pflicht der weltoffenen Stimmen, dieses gesellschaftliche Ideal nicht sang- und klanglos aufzugeben.

Es ist so absurd wie schlimm, wenn sich der Rechtsautoritarismus fälschlicherweise auf die Freiheit bezieht und sie faktisch laufend untergräbt. Doch ebenso schädlich ist es, wenn sich historisch freiheitliche Akteure aus den vermeintlich besten Absichten nun Ansätzen der Unfreiheit zuwenden und damit nicht zuletzt die Handlungsfähigkeit der Demokratie an sich in Zweifel ziehen. Nicht nur progressive Kräfte benötigen die Freiheit, auch die Freiheit benötigt das Engagement und den Einsatz aller progressiven und demokratischen Stimmen.

»Die Freiheit hat allzu viele Feinde, viel zu wenige Freunde – und dann auch noch meist die falschen« – so begann diese Warnung vor dem Ende der Freiheit. Es ist höchste Zeit, diesen beschämenden Befund nicht länger hinzunehmen. Nicht das Ideal der Freiheit muss überwunden werden, sondern die Gedankenlosigkeit, mit der ihr mögliches Ende derzeit so umstandslos hingenommen wird.

Dank

Für weiterführende Anregungen, hilfreiche Hinweise und konstruktive Kritik bedanke ich mich bei Ulrike Ackermann, Sheri Berman, Jolie Chai, René Cuperus, David Gill, Joanna Itzek, Laura Krause, Lupus Maximus, Wolfgang Merkel, Marc Saxer, Arne Schildberg, Leander Scholz, Jochen Steinhilber, David Witzki, Frank Zeller, der »Brücke-19« und – insbesondere – bei Ernst Hillebrand.

Für die hier geäußerten Ansichten bleibe natürlich allein ich verantwortlich. Ebenfalls ein herzlicher Dank geht an Uwe Optenhögel, Alexander Behrens, Flora Frank und Mareike Malzbender vom Dietz-Verlag sowie an Eckard Schuster, der die Genese dieses Essays engagiert begleitete.

Über den Autor

Michael Bröning

geb. 1976, Politikwissenschaftler und Leiter der Friedrich-Ebert-Stiftung (FES) in New York, war John F. Kennedy Memorial Fellow an der Universität Harvard, Lehrbeauftragter am Otto-Suhr-Institut der FU-Berlin, und ist häufiger Kommentator zu Fragen europäischer Politik in deutschen und internationalen Medien. Seit 2020 Mitglied der SPD-Grundwertekommission. Zuletzt erschienen: »Lob der Nation. Warum wir den Nationalstaat nicht den Rechtspopulisten überlassen dürfen« (Dietz, 2018) sowie mit Michael Wolffsohn und Reinhard Bingener »Stadt, Land, Volk – Ein Streitgespräch über die Zukunft der Demokratie« (edition chrismon, 2019).